# チカーノとは何か

# チカーノとは何か

――境界線の詩学

井村俊義

水声社

# 目次

# まえがき

本書は、私がこれまで「チカーノ」について書いた文章をまとめたものです。チカーノとは一般的には、アメリカ合衆国に居住しているメキシコ系の人びと、つまり「メキシコ系アメリカ人」のことを指します。とはいえ、そう簡単には説明できない複雑な問題がそこには介在しています。ひとつは、ある集団が自らにつけた名前と他者が呼称する名前には「ずれ」が生じる場合があり「チカーノ」もまたそのようなはざまにおかれています。そこでは、自己と他者のあいだに存在すると見られる客観的な境界線以外に、さまざまな種類の境界線の問題が伏在しています。ここで書かれた文章は、そのようないくつもの境界線について探っていこうとするものです。

そのような事情を見ていくと、本書のなかの「チカーノ」と書かれた部分のいくつかは「日本人」やその他の集団に置き換えることが可能なのではないか、ということがわかってきます。チカーノが直面している「状況」は徐々に彼らだけのものではなくなってきているからです。チカーノを取り上げる意義のひとつは、彼らを取り巻く政治的・経済的・文化的な条件が先鋭的で特徴的であるがゆえに、彼らがたどってきた思考と行動は固有名詞を離れて私たちを取り巻く環境をも透視しているということです。

したがってチカーノは「ある生き方」の強度を表していると同時にいわば「近代」からの距離をも表していると言えます。西欧近代との対峙のなかで生ずるこの社会における「生きづらさ」の正体とは何なのか、という問いに直面するわけです。もちろん、万人に当てはまる説明はなく、逆に、唯一の真理や理想的なユートピアを語るものに、私たちは警戒する必要があります。他者から与えられた「正しさ」や「崇高さ」や「美しさ」や「公正さ」などを安易に信ずることは戒めねばなりません。

私たちは自分の思い通りにはならない世界と人生を生きており、そのため、長い人生においては道を外すこともあれば、間違えたと思ったことが間違えていなかったと気づくこともあります。重要なことは、他人の信念やイデオロギーをそのまま生きないために、何らかの「鏡」を自分の部屋に持ち込むことです。部屋に引きこもるだけでは「自分探し」はおろか、生きることの意味さえも気づくことはできないでしょう。誰かの人生の一部を映し出している考えや文章はその人だけのものではありますが、私たちはそれらを「なぞる」ことなしには自分自身を生きることはできないと私は思うのです。

二〇歳になるかならない頃から私は、メキシコとアメリカのあいだに横たわる国境線に取り憑かれていました。人は生まれた場所や育った土地とは異なるトポスに強烈に惹かれてしまうことがあるようです。なぜその土地に（その人に）惹かれてしまうのかを説明できないというところから、人はものを考え始めることがあります。そしてそれに突き動かされ続けます。いったい「それ」とは何なのか？

祖母が住んでいたロサンゼルスのロングビーチから車を走らせては、国境地帯を目的地として南西部からメキシコ湾にかけてのあちこちを巡りました。ひとつひとつの思い出はあまりにも多く、いつの間にか沈殿し、身体に染みついた記憶は、私とすでに一体化しています。米墨国境線のちょうど真ん中あたりにあるエルパソとシウダー・ド・フアレス周辺の地域はいつしか、私が「もの」を考えるための原体験の場所となっていました。ふらふらと何度も国境線を越えるたびに、すでに備えられた本能を満足させるかのごとく私の心は喜びを感じていました。

人は、ものごとを抽象的に考えられると思い込みがちですが、それは違うのではないかといつか思い始めました。思考だけでは、あるレベルを突破することができないとあるとき思い至ったのです。抽象的なもの「だけ」でできている「学問」は言葉の遊びに過ぎません。人間にとっての魔術のひとつが「言葉」であるとしてもその魔術を発揮するためにはやはり「ある現実」を生きなければならない。言葉と現実のどちらをも拒絶（肯定）しながら独自の言葉の世界を探そうとする者が詩人であると私は考えています。

「境界線の詩学」とは、米墨国境線から解き放たれたいくつもの種類の境界線を魔術としての言葉に置き換えようとするなかば空しい（だからこそ美しい）営みを指して名づけました。身体に裏打ちされた「記憶」とそこから湧き起こるやむにやまれぬ「衝動」によって書かれた「事の端」。言葉は記号のようなもので、いつも感情を裏切るものです。そして、感情は経験にともなう複数の感覚の複合体です。何かを把握したと誤解しがちな抽象的で普遍的な言葉では、唯一無二の砂粒からできあがっているそれらのもつある種の「普遍性」を想像できないでしょう。

あまたのチカーノ詩人やアーティストをはじめ、名前も知らない行きずりの人びとの「顔」を思い出します。乾いた空気や風の音とともにそれらを思い起こしながら、若かったときの熱を帯びた夢と希望を、こうしてやっと深く沈静させることができるような気がしています。ここには、私という身体を通して書かれた痕跡が記されており、それらは「問い」にしか過ぎません。しかしそれだからこそ、たどるべき意味と価値があると捉えていただければ幸いです。

# Ⅰ　境界線を溶かす言葉の力――イラン・スタバンス

人種や宗教、土地などのさまざまな種類の境界線と対峙し、内に取り込んできたチカーノを、自明の集団として語ることは難しい。では「チカーノとはいったい誰なのか?」。彼らについて語ろうとするときにともなう対象の「揺れ」のなかにこそ、彼らを理解するための鍵が隠されているのではないかと私は考えている。現に「メキシコ系アメリカ人」をはじめ「ラ・ラサ」や「パチューコ」あるいは「チョロ」「ズート・スーター」「バト」などの呼称はつねに実体との「ずれ」をともない、いずれも彼らを言い当てることができないできた。あるいは他者から言い当てられないこと自体を彼らは目的としてきたとさえ言える。作家のルイス・ウレアは「バト」という呼称について「彼らはアメリカ社会と同化した〈善良なるメキシコ人〉が好まないようないくつもの名前で自分たちを呼び、人種差別をかわしながら辛辣に彼らを批判することができたのである[1]」と述べている。

とするならば、どのような形でチカーノを語るにせよ「チカーノとは誰か」という問いをいつもそこに紛れ込ませて語ることは重要である。私たちが日常的に慣れ親しんでいる見方や語り方をそこに反映させるのではなく、彼らを語る際に浮上するさまざまな違和感やとまどいを看過せずに語る術をこちらも身につけなければならない。「日系」や「アイルランド系」のようなマイノリティの横並びのひとつとしての「メキシコ系」アメリカ人ではなく「チカーノ」をはじめとする独自の名称を選び出すことによって彼らは「国家原理のなかの国民や民族とは別の仕方で存在することの可能性」「国家言語とは別の仕方で語ることの可能性」を目指してきた。

たとえば、集団を外在的に捉えた上で計算された数によってヒスパニックはアメリカ合衆国における最大のマイノリティとなったと報じられてから久しいが、ヒスパニックの半数以上を構成しているチカーノにとっては、一九九九年の九月から一二月にかけて「グアダルーペの聖母」のレプリカが初めて国境を越えてロサンゼルスに滞在したことの方がはるかに衝撃をもって報じられた。一五三一年にインディオのファアン・ディエゴの前に舞い降りたこの聖母は、いまでは路上や商品や祭壇などあらゆる場所に何度も姿を現し、チカーノの身体にも刺青として刻み込まれたりしている。しかし私たちは「奇跡」や「刺青」が胚胎している意味について理解し描写するための言葉を必ずしも手にしているとは言えないだろう。

刺青の意味についてパフォーマンス・アーティストのギリェルモ・ゴメス=ペーニャは次のように書いている。

パフォーマンス・アーティストとしての私の身体は、実験室であり、キャンバスであり、日記帳である。このもっとも個人的な「本」において、傷跡とは外部から強要された「文字」のようなものだ(2)。

彼の身体に刻まれた古代から近未来までのメキシコに関するさまざまな表象は、個人のなかに重層的に混在している共同性を体現している。言葉は現実を描写するには不完全なものであり、そしてまた現実は言葉を描写するには不完全なのであるとしても、その両者の結節点としての身体のもつ可能性を私たちは読みとる必要がある。

「グアダルーペの聖母」とともに、アステカを起源とするチカーノの精神的故郷「アストラン」もまた、私たちの共同性や言語のあり方についての多様な可能性を投げかける。公民権運動の時期の一九六九年に出された「アストラン精神宣言」の起草者であるアルリスタは「アストランは、私たちが私たち自身を名づけるさまざまな名前を包括するようなひとつの傘を作ってくれた(3)」と書いた。つまり、アメリカ南西部を想定したこのイマジナリーな空間は、メキシコにもアメリカにも帰れずに国家の枠組みから追い出された人びとを受け入れてくれるトポスの役割を果たしているのである。メキシコ人でもアメリカ人でもない人びとの「国家」としてアストランはある。

もちろん、アストランのような実際の土地に存在しない固有名は、つねに現在との関係のなかで

「ずれ」と遅れをともなって現れる。そこで、ラファエル・ペレス＝トーレスはエルネスト・ラクラウから着想を得てアストランを「空虚なシニフィエ」[4]（empty signifier）と位置づけたが、その背景には、チカーノが祖先の「起源」には重きをおかず、詩的なレトリックを駆使しながら歴史的な人物を称揚し、呼び出すことによって一体感を得ようとする心性が関係している。したがって、アステカの人びとが実際にサウスウエストに住んでいた物的な証拠があるかどうかはさして重要なことではない。どのようにしてチカーノがメキシコと一体になれるかどうかの方法論が重要なのだ。

リチャード・グリスウォルド・デル・カスティーリョが書いているように「政治的シンボルとしてのアストランの創造は、不法に越境する人びとにはそれだけの十分な理由があるとする精神的かつロマンティックな試みとなっている[5]」のである。いまだ誰も実際に訪れたことのないような「帰るべき場所」を希求する存在を、私たちはチカーノと呼ぶことができるかもしれない。

そもそも、チカーノが他のマイノリティ集団との根本的な差異を自覚している要因のひとつは、プロト・チカーノとも呼べる人びとが自らの意志をもって北アメリカ大陸に移り住んできたわけではなく、米墨戦争後の「グアダルーペ・イダルゴ条約」が締結された一八四八年に、当時のメキシコ領を横断するような形で暴力的に近代的な国境線が引かれたことにある。実際には一〇万人に満たない人びとがアメリカ側の土地に残されたに過ぎないが、メキシコ人の重層的な時空間を有する原風景に突如刻み込まれた国境線は、空間や時間を近代的な枠組みのなかに閉じ込める象徴として十分に機能したのである。境界線によって截然と分離して理解しようとする方法論の表面化が、チカーノをアメリカやメキシコとは異なる位置に立たせることとなった。排他的な境界線が身体の内部に通っている者にとっては、国境線を越える行為は内面の旅なのであり、それらの境界線はやがておのずから消失してゆく。

その後メキシコからアメリカへと国境線を越えてきた人びとは、おもに二度の大戦にともなうアメリカ国内の経済的な政策に翻弄されながら入国を許された農業労働者とその子孫である。彼らはアメリカとの国境線を身体的・精神的に通過することによって「チカーノ」を意識化した。その意識がチカーノ・ムーブメントを支える原動力となった。しかし、このような「メキシコ人を祖先にもつアメリカ南西部に住む農業労働者」というチカーノの旧来のステロタイプはもはや崩れ去りつつあることもたしかである。

たとえば前述した、メキシコ生まれで西海岸に住むパフォーマンス・アーティストのゴメス＝ペーニャは「多くの本質主義的な考えをもつチカーノは、いまだに私をチカーノと認めようとしない(6)」と述べながら「チカーノ化の過程にあるメキシコ人(7)（a Mexican in the process of Chicanization）」と自身をアイデンティファイし、パフォーマンスの共同制作者であるロベルト・シフエンテスを逆に「メキシコ人化の過程にあるチカーノ(8)」と表現する。人びとのアイデンティティは一義的に判断することができず、むしろある集団からある集団への過程のなかにこそ、つまりアイデンティフィケーションという進行形のなかにこそ、何者であるかを把持《はじ》することができると彼は考えているようだ。ゴメス＝ペーニャはさらに次のように書く。

毎月二〇万人を越えるアメリカへの越境者は、私たちをそのたびに生まれ変わらせてくれる。私たちの過去を絶えず思い出させてくれるのである。同時に、反対の現象も起こっている。神話的な北（それは未来を象徴している）も失われた過去を求めて南に帰ろうとしているのである。「反対側」（アメリカ）にやってくる多くのメキシコ人は「チカーノ化」され、そしてメキシコに帰る。帰るという行為において、彼らはメキシコが経験しているチカーノ化の無言のプロセスに寄与しているのである。(9)

国境線を北から南へと越えることでメキシコ人さえもが「チカーノ化」する可能性を秘めている。そのときの「チカーノ」とは何を意味するのだろうか。

チカーノの自明性を揺るがすもうひとつの例として、チカーノ詩人のジミー・サンティアゴ・バカが脚本／出演している映画『ブラッド・イン・ブラッド・アウト』（テイラー・ハックフォード監督、一九九三年）がある。この映画では、チカーノの母親と白人の父親のあいだに生まれたミクロ（ダミアン・チャパ）が白人にしか見えない容貌であることを悩みつつ、仲間からチカーノとして認められるまでの軌跡が描かれている。つまり、チカーノという存在を「人種」や「国籍」などの実証的な問題から解き放っているわけである。チカーノであることとは、自分の意志で選びとったアイデンティティであるという積極的かつ遂行的な側面を強調する行為の結果としてある。したがって、人種や国籍にかかわらず人は「誰でもチカーノになる可能性をもっている」という点が重要である。

付言すれば、この映画には「チカーノとは誰か」を考えるためのさまざまな要素が登場する。各シーンで登場するグアダルーペの聖母、イニシエーションとしての刺青、生活のなかの絵画やプラカ（グラフィティ）、成功者をホアキン・ムリエータになぞらえるような歴史的な英雄との密接な関係、ラ・オンダという音楽用語をグループの名前につける感性、ケツァルコアトルとともに口にされるアストラン、死者の日、カルナリスモなどである。チカーノとは他者から規定されるものではなく、これらのモノを通して時空間の境界線を溶解し、人と人とのあいだの関係性をより身近なものにしようとする「生き方」にあると考えられる。

メキシコ生まれのイラン・スタバンスは、あたかも『ブラッド・イン・ブラッド・アウト』の主人公と同じように自らを「白いヒスパニック」と認識し、メキシコにおいてもアメリカにおいてもアウトサイダーとして生きてきた。彼は「メキシコでの私はユダヤ人で、国境を越えたあとはメキシコ人になった」と述べている。一九六一年にメキシコシティで生まれ、東欧のユダヤ系移民の家系を引く関係でイディッシュ語の教育を子どものころに受けたスタバンスは、二四歳でユダヤ教の神学を学ぶためにニューヨークに移住し、のちにコロンビア大学でラテンアメリカ文学の博士号を取得している。現在はマサチューセッツ州のアムハースト大学でラテンアメリカとラティーノの文化を教えながら、最初は短編小説の作家として、その後、批評家あるいはアンソロジストとして現在にいたるまで旺盛な執筆活動を続けている。彼はアメリカ合衆国のなかのマイノリティのひとつとしての「メキシコ系アメリカ人（Mexican- American）」というハイフンではなく、国家原理を逸脱した諸集団の融合としてハイフンを使用することに意義を見い出し「メキシコ系ユダヤ人」と自らのことを説明している。しかし、私たちはあえて彼をチカーノと位置づけることによって、そこに醸成する豊かな問題群を剔出《てきしゅつ》することができるかもしれない。

　アメリカに住むメキシコ系ユダヤ人という視点からヒスパニックやユダヤ人の文学や文化に関する著作を数多く出版しているスタバンスにとって、自らをアイデンティフィケーションし続ける行為はメキシコ人であることとユダヤ人であることの接点から生まれる。とくにユダヤ人にとっては「記憶」の問題と深く結びついており「記憶と文学」という論文においてスタバンスはヨセフ・ハイーム・イェルシャルミの『ユダヤ人の記憶／ユダヤ人の歴史』を参照し、ユダヤ人が太古の時代からの集合的記憶を保持し「想起（ザホール）」を通してアイデンティティを不断に構築していることに関心を示す。想起を通して「ユダヤ人は生まれるのではなく作られるのだ[10]」とスタバンスは簡潔に述べている。言うまでもなくこの言葉はシモーヌ・ド・ボーヴォワールの「人は女に生まれるのではない、女になるのだ」を意識して書かれたはずであり、私たちはまた同じようにして「チカーノは生まれるのではなく作られるのだ」とも言える可能性について考察してきた。そしてその鍵は「記憶」に隠されている。

　ユダヤ人は記憶のなかに公共性を作り出し、私たちが一般に考えがちな実証主義的な歴史を重視しない。瑣末な歴史的事実を明らかにすることが歴史の本質を捉えることにつながるとは考えないのである。スタバンスが参照したイェルシャルミ自身は「ラビたちはまるでアコーディオンをひくかのように、自由に伸ばしたり縮めたりして時間を扱う(11)」と書いている。チカーノもアイデンティティの源を探究することはせずに、各所に描かれるグアダルーペの聖母や虚構の空間であるアストランを呼び出しつつ共同性を構築する。時間は空間と同じように均質に分割されることはなく、過去から未来へと一方通行には流れない。

ユダヤ神学が示すユダヤ人の歴史哲学をもっとも凝縮した形として、ベンヤミンの最後の論文「歴史の概念について」の最後の一節をあげることができる。

> 律法と祈祷は彼らに想起を教えている。（……）想起はユダヤ人を解放した。しかしそれだからといって、ユダヤ人にとって未来が、均質で空虚な時間になったわけではやはりなかった。というのも、未来のどの瞬間も、メシアがそれを潜り抜けてやってくる可能性のある、小さな門だったのだ(12)。

タルムード（口伝律法）やトーラー（聖書の最初の五巻）の教えを通して「小さな門」を見つけ、そこから境界線（ベンヤミンの好む言葉を使えば「敷居」）を越え出ていくことによって、ユダヤ人は過去と出会い自らを日々更新してゆくのである。

「国家原理のなかの国民や民族とは別の仕方で存在することの可能性」を、モノ自体が有している「物質的想像力」（バシュラール）や、過去と未来の記憶を内にはらんでいる「ヒエロファニー」（エリアーデ）によって、チカーノやユダヤ人は巧みにこちらにたぐり寄せてきた。では「国家言語とは別の仕方で語ることの可能性」はどうだろうか。ベンヤミンの言葉をもう一度借りてみよう。

言葉は何を伝達するのか？　言葉は自身に合致する精神的本質を伝達する。この精神的本質は自己を言語において（in）伝達するのであって、言語によって（durch）ではない[13]。

つまり、言葉によって運ばれる内実は言葉自体の形態にその多くを負っており、言語そのものがその「伝達可能性」を担保するのである。

東欧系ユダヤ人（アシュケナジーム）の言語であるイディッシュと、ヒスパニックの言語であるスパングリッシュはどちらも混成言語であるとともに、ある固定的な体系のもとに話されているわけではないことも共通している。イディッシュもスパングリッシュも個人や集団によって無数に存在する形態を緩やかにまとめあげた名称に過ぎないのである。そのどちらにも通暁しているスタバンスは、言語とアイデンティティの不可分な関係についてきわめて意識的である。「スパングリッシュが十分に理解されるためには、エボニクスやイディッシュと比較されるべきではあるが、それらはけっして同じものではない。そうではなくて、それらはお互いに共通の要素を共有しているのである」[14]と彼は書いている。

アイデンティティを構成している要素や、言語を構成している要素に立ち返ることによって、私たちは無数の要素が構成する無数のアイデンティティと言語を想像することができる。そうすることによって、外部からの固定された名称を忌避し続けてきたチカーノと同じ視点に近づくことができるだろう。

さらに、アイデンティティを担保している言語が要素に還元され細分化し拡散してゆくことで、アイデンティティの単位として一般に認識されている身体のボーダーも溶解してゆく。つまり、国家言語の統一性の崩壊は、ただ言語が分裂して多言語になるという現象を生み出すにとどまらない。私たちを拘束してきた数々の近代的な束縛を解くことにもつながるのである。それは、私たちがいつか置き忘れてきた「生き方」を取り戻すことかもしれないし、あるいはチカーノたちのように生きることかもしれない。

境界線を新しく捉え直そうとするとき、言葉は世界をひとつの海を見るように誘う。自分を包んでいる濃度の海水のなかに生まれ落ち、やがてさまざまな濃度の水が存在することに私たちは気づくようになる。しかし、そこには明確な境界線は存在しない。要素に還元された水（言葉）は多様な濃度の水を結びつける分子となり、慣れ親しんだ塩分の水を分解してその他の塩分の水を合成するだろう。それは「詩」が有している力でもある。既存の秩序をずらされた言葉は私たちに時空間の多様性を認識させるが、そのあいだも、言葉とアイデンティティはそれぞれ不断に変化しつつ、お互いに影響を与え合う。そして広大な海は、私たちにとって無限にひとつの時空間を構成しているのである。

# II　ロードという境界線——サルバドール・プラセンシア

人びとがたどる道筋はすべて「ロード」になる。道は陸だけではなく山や海や川にも刻まれる。空も例外ではない。また、そこをわずかながらの人数しか通らなかったからといってロードに値しないわけではない。廃墟の瓦礫のなかにわずかに残る痕跡もまたロードとなる。「痕跡」とは歴史のなかに埋もれて忘れられてしまった道である。ロードは単に物理的な存在ではない。行き交う一人一人の「感情」や、帰属しているコミュニティの「歴史」もまたロードを形成している。

フレデリック・ジャクソン・ターナーに代表される、北アメリカ大陸を真っ白なキャンバスと捉えていた時代と、ロードが無数に引かれている現代とを比べてみればわかるように、コミュニティもアイデンティティもロードの発展とともに格段に変化した。小説の分野においても、人種構成の複雑さを射程に入れたポストレイス時代に入り、ジュノ・ディアス『オスカー・ワオの短くて凄まじい人生』、サルバドール・プラセンシア『紙の民』、セッシュー・フォスター『アトミック・アステックス』などによるロードとコミュニティを意識した作品は、画期的な方法を駆使しながら新しい表現を模索している。一方で、チカーノ小説においては早い段階から、ロードはつねに重要なテーマとして描かれてきた。移動を宿命づけられた集団にとって、ロードはいつでも彼らとともにあったからである。

＊＊＊

北アメリカ大陸に刻まれたロードの最初期の痕跡のひとつは、スペイン人のアルバール・ヌニェス・カベサ・デ・バカによるものである。エルナン・コルテスがアステカ帝国を征服して間もない一五二七年から一五三六年にかけて、カベサ・デ・バカは、テキサス州、ニューメキシコ州、アリゾナ州、さらにはルイジアナ州からいまのメキシコまでを徒歩で走破した。ロードの原初的な意義は、ひとことで言えば、異文化および異界への通路である。地平線の向こうの異界を目指す通路がロードであり、そう心に描くだけで、私たちは異なる時空間へと連れ出される。ロードという思考形態を想定することなく、ロードを語ることはできない。大西洋を移動する航海者たちは出航する前に、洋上に引かれているラインがすでに見えていたに違いない。「船に乗りこむことは、近代性とその前史とされているものの普通に認められている関係性を概念的に考え直すための手段を約束してくれる」[1]とポストコロニアル理論の代表的な思想家であるポール・ギルロイが記したことは、同じ内容を述べている。ロード近代性を再考するための時空的位置に、跡には何も残らない船を選んだギルロイの発想は、ロードを語る際にも有効である。アメリカス（北アメリカと南アメリカの総称）のロードは太平洋と大西洋の上を走るロードと接続していると考えることで、ルーツとルートを併せもった移民のコミュニティをより正確に理解することができるはずだ。チカーノが祭壇（オフレンダ）を媒介にしてさまざまなトポスへと飛び、を媒介にしてさまざまなトポスへと飛び、さらには、精神的な故郷であるアストランへと向かうように、物理的なロードが構築される前にはかならず、形而上的なロードがあった。

一五二七年に結成された探検隊が大西洋を横切り、フロリダ半島の沖までたどり着いたとき、彼らはハリケーンに襲われて難破した。約三〇〇人が犠牲となった。生き残った四人のうちの一人であったカベサ・デ・バカは、北アメリカ大陸を東から西へと歩いて移動することを余儀なくされる。「何もない[2]（desnundo）」とカベサ・デ・バカが何度も記した土地には、まったく異なる文化をもつ人びとが居住していた。彼らとの接触のなかで、カベサ・デ・バカは「奴隷」になり、ときには「医者」や「英雄」になりながら生き抜いた。コミュニティの外部と内部をつなぐロードでは、訪問者はいったん宙づりの状態におかれ、既存の人間関係のなかへの布置が強引に試みられる。カベサ・デ・バカが生き延びることができたのは、自らを新しいパラダイムへと馴致《じゅんち》させることができた柔軟さゆえであろう。かつてアステカの王であるモクテスマがコルテスをケツァルコアトル神の再来と誤解したように、カベサ・デ・バカは異界から訪れたシャーマンと誤解されて崇められたこともあった。彼は自分を捕えたトライブの慣習に適応し、病気の者を治療した。簡単な薬と応急手当ての知識だけではなく、祈りや一般的な常識を使うことによって預言的な力を持っているふりをした。

しかし、それでも、インディアンはスペイン人たちよりも賢明であったと言える。なぜなら、先住民たちはカベサ・デ・バカらの服を脱がせて踊らせ歌わせることによって、彼らを近代性から引き戻したからである。身体を通すことによって、ヨーロッパ人たちは自らが背負っていた背景を揺さぶられた。文芸評論家の三浦雅士が『身体の零度』[3]で、日本人が「表情」や「歩き方」を変えることによってはじめて近代性を獲得し得た、と主張したことと反対の動きを強制され、スペイン人たちは近代の縛りから引き離されたのである。小説や紀行文を読むことの意義はそこにある。つまり「いま」の視点から過去を解釈することは決定的に不可能でありながらも、厚い記述の向こうにあるエピステーメーを透視させてくれるからである。結局、彼らは、先住民という異文化に大きな影響を受けた最初のスペイン人となった。

「未知」の土地と人びとを臨場感のある文章で記述したカベサ・デ・バカの文章は、スペイン国王のカール五世に献げられ、一五四二年に出版された。アメリカにしか生息しない動物（オポッサムやバッファローなど）や、雄大な自然（ミシシッピ川やペコス川など）を目にした最初のヨーロッパ人である彼の記述は、のちに文化人類学的な関心を呼び起こした。また、ユダヤ系ヒスパニックの批評家であるイラン・スタバンスらは「アメリカ南西部を対象とした最初の文学である」と評価した。スタバンスが論じたように、カベサ・デ・バカの文章とジョゼフ・コンラッドの『闇の奥』は、コロニアリズムが暴力と憎しみと異文化の衝突の原因となることを明らかにしたという点で共通している。規定のラインの上だけを走るロードとは異なり、異文化との衝突が不可避なロードが描かれているのである。『闇の奥』でのカーツ大佐の最後の言葉である「恐怖！　恐怖！」は、カベサ・デ・バカの遍歴を代弁している。また、想像の範囲を超えたまったくの異文化は、超自然的な出来事の連続として捉えられるという点において、ガルシア＝マルケスの『百年の孤独』の描いた魔術的リアリズムの系譜の端緒でもある。のちにインディオを擁護する立場をとったカベサ・デ・バカは、ヨーロッパ中心主義を批判した最初の一人であったとも言えるだろう。

交通手段と通信機器の加速度的な発達によってそれぞれの土地の独自性が相対的に失われ、ロードが通路というよりも単なる時間的なラグへと変質した現代においては、路上や目的地に異文化を感知できる要素は極端に少なくなっている。かつて「ここと異なる何か」を求めて移動したアングロたちによる「西漸運動」は消滅し、アステカ人がもともと居住していたアメリカ南西部の土地へと向かう「北漸運動」も、ロードの発達によって意味を失いつつある。現実には、アメリカの国内外を網の目に走るロードの上を無数の車両と人が交差し合い、定まったベクトルはもはや存在しない。さらに、速さと量が劇的に増大したヴィークルが運ぶ「感情」と「歴史」は、必然的にロードの「質」の変化をもたらし、ロードとロードで繋げられる都市の質的変化をもたらすこととなった。かつて、ロードの上に出て移動するように促された人びとはもちろん、そうではない者にとっても、ロードは生活と不可分なものとなった。イギリスの社会学者であるジェラード・デランティは、このような技術的に高度化したロードの状況が生み出す社会について「ポストモダンの社会では、周縁性はどこにでも存在する。ポストモダン・コミュニティはノマディックで、移動性が高く、情緒的で、コミュニカティヴである」[4]と述べている。

ロードの質的変化とともに、都市の中心と周縁という構造はゆるやかに崩壊し、やがてロードによる共同性がもたらす「郊外」が生まれ、人びとはあたかも遊牧民のように場所を移動する。したがって、現代のロードを従来のように「何かを目的としてある場所からある場所へと移動するための交通手段」としてのみ捉えるだけでは十分に理解したことにはならない。現代においては、ロードが運ぶ人びとの「感情」とそれが織りなす「歴史」の飛躍的な増加によって、ロード自体があたかもひとつの共同体を構成していると見受けられる場合さえある。また、それによって結ばれるコミュニティの性格が変容することによって、コミュニティとロードとの境界線はますます薄くなっている。あるいは究極の形式として、ジル・ドゥルーズが述べるように「遊牧民とはむしろ動かない者である」[5]とさえ言えるようになり「複数の場所と領土性に単一の空間を置き換えること、世界を都市に改造すること」[6]は、ロードの発達によって、ロードの上に築かれるようになる。

ポストモダン・コミュニティでは、カベサ・デ・バカや、あるいはトム・ジョード（『怒りの葡萄』の主人公）が長い時間をかけて乗り越えた長くて広大なロードはもはや存在しない。移動する際の時間の短縮は必然的に空間の圧縮を引き起こしているからである。もちろん、圧縮されるのはプロセスであって、地球の裏側にまで短時間で到達できる現代の交通機関の飛躍的な発展に目を向ければ「空間が拡大した」と表現することもできるだろう。ヴィークルの質と量の増大によって圧縮された空間は、地球を小さくした上でロードとは関係のない土地を地球の裏側よりも到達困難な場所にしたのである。

シカゴからサンタモニカを結ぶ「ルート66」（一九二六年創設、一九八五年廃線）の宿場町だった街がことごとく廃墟と化し、都市の周辺に広がる郊外が世界中どこにでもあるショッピングモールを擁するようになったことは、ヴィークルの近代化と関係している。西漸運動や南西部発展の一環として象徴的な意味を担わされてきた「ルート66」は、かつてスタインベックがそう名づけたように、地平線の向こうにある「ここではない何か」を求めて新たなものを生み出す「母なる道（マザー・ロード）」であった。当時は、土地土地が独自の価値や文化を維持し、移動することそれ自体に意味をもつことのできた時代でもあった。そのような時代には、ロードはまさに文化と文化をつなぐ架け橋となり得たのである。すでに「ルート66」は、懐古的なイコンのようになっているが、しかし、人びとの「感情」と「歴史」を反映させることによって「マザー・ロード」は、重層的な意味をもち続けている。たとえば「ルート66」が記述や映像を介して運ぶ「ノスタルジー」という感情は、どこにもない「アメリカの原風景」というトポスを作り出し、多人種・多民族国家であるアメリカ人の帰る場所のひとつとして機能している。

当初は「ルート66」というタイトルで製作されていたディズニーのアニメ映画「カーズ」では、

すでに廃墟となってしまったセリグマンなどの街が舞台となっている。なぜ廃れてしまった街が子ども向けの映画で舞台となり、カリフォルニアに向けての古きよき道がレースの舞台となるのかは「ノスタルジー」と不可分の関係にある。アメリカの原初的なアイデンティティが「移動すること」とともにあるのなら、それを体現する場所はマザー・ロードしかあり得ないからである。

＊＊＊

乗り越えるべき障壁としての空間の重さが減ることによって、階級、人種、民族、ジェンダーなどのあらゆる境界線もまた影響を受ける。高速で動く社会においては既存の秩序をそのまま維持することは困難だからである。あらゆる移動は「境界線」と「境界線によって守られてきた秩序」に揺さぶりをかける。政治理論学者の杉田敦は『境界線の政治学』で、境界線と権力の関係について「〈われわれ〉とその外部との間に境界線があるように見えるためには、〈われわれ〉が同質的であるように見える必要がある」(7)と述べている。境界線の溶融によって同質性の破壊が促進される世界においては、コミュニティ内の境界線と、コミュニティとロードとのあいだの境界線も少しずつ判別しにくくなっていく。

従来の小説とポストモダン小説のあいだのもっとも大きな違いは、その点にある。一九三九年に発表された『怒りの葡萄』で描かれた風景が喚起する情景には、乗り越えるべき空間と時間、そして階級がたしかに描かれていた。たとえば次のような描写である。

移住民が国道に増加してくると、恐慌が起こった。資産のあるものは、その資産のために恐怖にとらわれた。(……)町の人びと、おだやかな近郊の人びとは、自分を防衛するために寄り集まった[8]。

現代の縮小された空間に引かれたロードの上には人びとはあえて集まることはなく、ゲイティッド・シティのなかでは異質な人びとはすでに排除されている。エスニックごとに分かれていたコミュニティであっても、速度の増加とともに融合するのではなく、さらに細分化が加速される。スタインベックが小説全体にわたって克明に描いた風景描写や人物描写では、風景と人は同じ視線のなかで同じ画面の上で描かれ一体化していた。人物は背景のなかに溶け込むことができたのである。『怒りの葡萄』の冒頭にある描写を引用してみよう。

オクラホマの、赤茶けた大地と、灰色の土地の一部に、最後の雨が、やわらかに降ってきた。それは傷あとだらけの大地を切りくずすことはしなかった。鋤が、あちこちの小川のあとを縦横に掘り起こしていった[9]。

風景描写を通して登場人物の内面を想像させることができるのは、風景のなかに人物を写し込むことができるからである。「ポストレイス」時代の新しい文学では、細かい風景描写は欠落している。その理由は、モータリゼーションの発達と大いに関係がある。フリーウェイを走る車から見える風景は、フリーウェイ以前の人びとが見ていたものとは異なるからだ。スピードを上げて走る車のなかから人びとは風景の細部を見るのではなく、総体として観念的に風景を捉える。新しい小説では『怒りの葡萄』で描かれたような細密描写が決定的に欠如している。

＊＊＊

一九七六年にメキシコのグアダラハラで生まれ、八歳のときにロサンゼルス郊外のエルモンテに移住したサルバドール・プラセンシアが描く風景描写は、スタインベックのそれとは大きく異なる。距離は乗り越えるべき苦難の表象ではなく、数値に置き換えられ、視点は自分との関連性の強度によって選択される。風景というよりは物質に焦点がおかれ、そこから喚起される想像力が五感を通して描写される。以下のような具合である。

エルモンテの町は、ラス・トルトゥガスから北に一四四八マイル、グアダラハラの街からは一五〇〇マイル離れていた。闘鶏もルチャリブレの闘技場もなかったけど、クランデロのお店とか、モツの煮込みを売る屋台とか、カトリック教会の鐘の塔は北に移動してきていて、花やスプリンクラーシステムのあいだに落ち着いていた。もともとエルモンテに住んでいたのは、サンタフェの道や舗装されたルート66を通って東部からやってきた人たちだったけれど、そのうちにみんなエルモンテを離れて、アーケイディアやパサデナの丘地に引っ越していった。花摘み労働者の雑踏も、メヌードの屋台でことこと煮えているオレガノとラードの匂いもない町に。[10]

ここにおいて、かつてのスタインベックの風景は、描写される対象としてはもう視界のなかにはない。新しい小説においては、風景描写が人物の感情を代弁するのではなく、それぞれの物質に語らせるのである。プラセンシアの視線は物質のなかに溶け込み、物質自体の奥に風景を見ている。それはもちろん、想像上の世界ではあるが、人びとはその風景を通して結びつくことができる。チカーノの精神的な拠り所である「グアダルーペの聖母」はアストランと同じように、大地の上に境界線で囲うような領土を必要としない。

科学哲学者のガストン・バシュラールが「物質的想像力」と名づけたものは、ポストモダンな想像力と直結している。バシュラールは「故郷というものは〈空間〉の広がりというより物質だ、つまりは花崗岩あるいは土、風あるいは乾燥、水あるいは光なのである。そのなかにおいてのみわれわれはおのれの夢想を物質化し、それによってのみわれわれの夢はおのれに適した実体を捉える[11]」

と述べていた。観念的な風景と物質的な想像力のあいだで私たちは故郷を捉える。

風景描写の違いは、メキシコとアメリカの国境線を越境する際の表現でも指摘できる。そもそも、チカーノたちによる北（ノルテ）への志向は、ホセ・アントニオ・ビジャレアルの『ポチョ』やエルネスト・ガラルサの『バリオ・ボーイ』、ルイス・アルベルト・ウレアの『金網を越えて』などに代表されるように、チカーノ小説の根幹となる系譜であり『紙の民』においても越境は重要な意味を担っている。しかし、越境行為自体はもはや命を賭して乗り越えるべき障壁としては描かれていない。あくまでも、俯瞰的かつ抽象的に捉えられるに過ぎない。

太平洋岸からリオ・グランデまで走る白いチョークの線のところにやってくると、父さんはあたりを見回して、誰かついてきてないか、望遠鏡で見ている人間はいないかどうか確かめた。誰もいないと父さんは感じると、わたしたちはチョークの線を越えて、コンクリートの上に作られた世界に向かって歩いていった。[12]

米墨の国境線をチョーク線になぞらえた意味はおそらく、それが人工的な直線であることを示唆し、すぐに消せるほどの意味しか持ち得ないことのメタファーである。以下の部分も同様のパースペクティヴによって書かれている。

フリエタがティファナに着くと、かつてはチョーク線で引かれているのみであった国境は、見張り塔と鋼鉄のフェンスに変わっていた。[13]

プラセンシアの小説の特筆すべき点は、アメリカにおける人種構成等の複雑な現実を種々の技術を用いながらフィクションの力を借りて再現しているところにある。従来の歴史記述や小説では表現することが不可能な近代と前近代のあいだの「闇」を、斬新な着想によって可視化するのである。複数の視点を同一の紙面に再現し、意識と無意識までをも紙面に反映させようとする。文章にすることによって必然的に抜け落ちてしまう事柄を盛り込もうとし、直線的に進むと考えられている文章を攪乱させ、表現されなかった人間の無意識を紙面に組み入れようとする。また、錯綜した対立の構図を二項対立に単純化させようとせずに、そのまま提示するためのさまざまな仕掛けが施されている。状況を理解するために持ち込まれた対立構造をそのまま利用することはしないのである。

作品中の印象的な言葉として「悲しみの商品化」[14]がある。悲しみなどの人間の感情が、資本主義のなかで商品化されることによってのみ流通する状況を非難している。国家言語の普及とともに単純化されてしまった言語と、それに乗せられる感情の解放を提起しているのである。人間が抱く感情は商品化されるものではなく、微細で深遠なものであるとプラセンシアは考えている。また、「要約というテロリズム」[15]という言葉からは、ロードになぞらえて説明するならば、人間の複雑な感情や行動や自然の細やかな動きなどすべてのものが、スピードのなかで捨象されて語られてしまっている現実を述べている。小説が現実を写し取るとはどういうことなのか、という根源的な問題の投げかけでもある。

＊　＊　＊

郊外では土地土地のアウラを脱色したショッピングモールが乱立し、都会では異文化との接触を避けたゲイティッド・シティが作られている現代の状況と比較すると、五〇〇年前のカベサ・デ・バカがたどった「異文化への通路」からは遠く離れてしまっているように見える。透明化され異文化との接触を拒否するような状況のなかで、人びとはアイデンティティをどのようにコミュニティに託すのか。他者を鏡として成立する排他的な集団としてのアイデンティティは雲散霧消し、新しいコミュニティとともに新しいアイデンティティが発生しつつあるのだろうか。そもそもアイデンティティはロードの発達とともにどのように変容していったのか。あるいは、アイデンティティという概念自体があらためて問われているのだろうか。

一般に、帰属すべきコミュニティは名称とともに語られ、私たちはその名称から醸成される故郷のイメージに縛られている。生まれ育った国家や街は、名前を媒介にして私たちをいつまでもつなぎ止めている。名称があるからこそ私たちは故郷に帰ることができる。実際には、土地の風景は移ろいゆき、人の記憶も変容していくのだが、実体をともなわずとも名称は残り続ける。現実には、帰還するべきあの懐かしい土地はもうどこにも存在しない。その点において「故郷は人によって異なり、想像のなかに構築される」とするチカーノの考え方は、土地と人の記憶が急速に変化するいまの時代にますます適合するようになっている。

ロードの活性化はコミュニティを急速に変質させ、現実と言葉を乖離させている。私たちが繋縛されている故郷は誰にとっても同じものではない。そのときの「帰るべき場所」は、境界線によって区画されたある特定の土地を指すのではなく、あくまでも心象を投影することのできるトポスである。「グアダルーペの聖母」のようなシンボルが誘導する、心のなかではぐくまれた「風景」のなかにある。特定の地域を直線によって排他的に分断して理解するのではなく、心象風景のなかに存在する空間として理解するのである。

とはいえ、その心象風景に広がる情景もまた、かつてどこかで創作されたものである可能性は高い。「グアダルーペの聖母」がファン・ディエゴの前に現れたとされる一五三一年の出来事が、後年になってから時間を遡って物語に組み入れられたように、風景はナラティヴを通して私たちの前に姿を現すのである。

＊＊＊

米墨戦争の後に締結されたグアダルーペ・イダルゴ条約の結果、アメリカ南西部がアメリカ領へと割譲されてから三十数年を経たあとに、ヘレン・ハント＝ジャクソンの小説『ラモーナ』は刊行された。この作品は、フィクションが「故郷」を創出したひとつの例である。彼女が小説を通して描写する以前の南カリフォルニアおよびサウスウエストの風景はナラティヴが介在する前の風景であり、誰のものでもなかった。ジャクソンによる魅力的なストーリーと風景描写を通して言語化されることで、人びとは風景を発見し共有することができるようになった。私たちは風景の起源を忘却しながら反比例するようにして自らの心の内へとしまい込んでゆく。

セニョーラ・モレノの邸は、一九世紀初頭のスペイン人やメキシコ人の総督時代に栄えた上流階級の屋敷として、カリフォルニアでも最良の見本のひとつといえる。その屋敷で人びとは半ば野趣あふれ、半ば洗練された大らかで鷹揚な暮らしを営んでいた。それは、「ニュースペイン」という古い名称が人びとの心温まる追憶を誘って根強い愛国心を刺激し、大航海時代のインディーズの法則がそのまま土地の法則としてなおも残っていた時代のことである。(16)

ゴールドラッシュの影響をあまり受けなかったカリフォルニア州南部でジャクソンは、ヒスパニック文化が色濃く残る風景を、あるパースペクティヴを通して物語のなかへと布置してゆく。インディアンとスコットランド人のハーフである主人公のラモーナが、自分に流れているインディアンの血に目覚め、さまざまな恋愛や生と死、そして、新しい住人であるアメリカ人との相克に巻き込まれる物語は、その過程で描かれ意味づけされるヒスパニック文化の風景とあいまって、当時のベストセラーとなった。

「ニュースペイン」のように、人は新しく移り住んだ土地に名前を付すことによってその土地を自分のものにしようとするが、そこに物語という網をかぶせることによって愛着を感ずるようになる。目の前にある複雑で多様な現実をそのまま把握することができなくても、人は物語を通して風景に意味を持たせることができるのである。チカーノによるバラッドである「コリード」もそうであるし、各地に残る民話やフィクションは人びとの意識化にあるものをつなぎ合わせる役割を果たしている。

一方で、使い古された結構でしかない小説のなかで、名称だけを変えてエキゾティシズムを喚起させようとする作品がある。独自の名称が人びとの想像力をかき立てることを利用した作品である。名前に込められた歴史を借用してある効果をもたらすのである。『紙の民』のなかでも「グアダルーペの聖母」(五一頁)、「グリンゴ」「パチューコ」(六二頁)、「パイサーノ」(七六頁)、「マリンチェ」(一三八頁)のようなチカーノ文化を表象する名称が登場するのだが、作者はチカーノ小説の系譜を意識して言及したのだろう。しかし、ジャン・ボードリヤールが『消費社会の神話と構造』[17]で述べているように、これらは実体をともなわない「象徴交換」あるいは「メタ消費」のように私には思える。チカーノ的要素が小説のなかに無理矢理にはめ込まれた印象を受けてしまうのである。それらは、アメリカにおいて異文化を表象しているのではなく、コンテクストとは孤立しておかれている記号としての「差異」でしかない。これらの言葉がなくとも『紙の民』はその発想においてチカーノ小説の先達たちの衣鉢を継いでいると言えるが、もちろん、ロードによって異文化が大量に流入したあとのポストモダン・コミュニティでは、異文化は差異として認識される傾向にあることも確かである。

一九世紀と二〇世紀のはざまを生きたフランスの作家ヴィクトル・セガレンは、「エグゾティスムは順応することではない。つまり、人が自分の裡に抱きしめていたものが自分自身の外にあるということを完璧に理解することなのではなく、永久に理解不可能なものがあるということを鋭く直接に知覚することなのである」[18]と書いた。差異は永遠に埋めることはできず、チカーノ文化を表象する言葉は「悲しみの商品化」ならぬ「エキゾティシズムの商品化」となっている。とするならば、名称に頼らずともチカーノ文学の系譜を継ぐことは可能なはずだ。他者とのあいだにひろがる「理解不可能」な深淵を残したままにしておきながら、安易にエキゾティシズムを喚起する言葉を使う必要はないだろう。セガレンの一連の文章からは、こちらの尺度を安易に他者に適用することをいましめながらも、理解不可能なものにたいするある種の魅惑を感じとることができる。プラセンシアの小説にはチカーノのタームを使わずとも、チカーノ小説を感じさせる表現が頻出する。エキゾティシズムに逃げることなく、チカーノの世界を描写する表現とは次のようなものである。

パトリアを離れた者たちにとって、トウモロコシ畑や歌鳥を思い出させるものといえば、それはつねに女であった（……）中央制御空調とリクライニング式のリビングチェアの快適さを捨てることなく故郷に帰る術であった(19)。

前述したように、古来、歴史や地理は集落や都市の名称を使用することによって語られてきた。資本主義の影響によって人びとが都市に集まる近代以降は、国家にとって重要な都市以外の村落は相対的に看過されるようになる。国民国家が形成されてからは歴史と地理はそのようにして記述されてきた。

しかし、ポストモダン社会を推進してきたロードを通して私たちは、都市という「点」ではなくロードによる「線」によって歴史や地理を記述するようになっている。点である都市を中心とした放射線状の広がりではなく、土地を結びつけ他文化を流入するとともに、土地を二つに分断するロードの機能について思いを致す必要がある。フリーウェイが通ることによって、土地や地図は大きな二つの集団に分割される。実際に、ロサンゼルスのチャベス・ラヴィーンにフリーウェイが通ることで、チカーノ共同体は分断された。プラセンシアが創り上げた現在進行形のチカーノ・コミュニティと並行して、フリーウェイには乗らずにそれを見上げている人びとがいることを忘れてはならないだろう。

Across the street – the freeway

Blind worm, wrapping the valley up
From Los Altos to Sal Si Puedes.
I watched it from my porch
unwinding. Every day at dusk
as Grandma watched watered geraniums
The shadow of the freeway lengthened[20]

通りを横切るフリーウェイはまるで、とかげのようにロスアルトスからサルシプエデスまでの渓谷に巻きついている。私はそれがほどけていくのをベランダから見た。毎日、祖母は黄昏時に、水に濡れたゼラニウムを見ていた。その横には、フリーウェイの影が長く延びていた。

＊＊＊

チカーノ・ムーブメントのさなかに、ロサンゼルス生まれのロン・アリアスは『タマスンチャレへの道』[21]というタイトルの小説を発表した。チカーノ小説の系譜のなかでも、魔術的リアリズムの手法をもっとも意識して書かれた小説である。『タマスンチャレへの道』では、リアルとフィクションのあいだの境界線は消失し、舞台はロサンゼルスのバリオからペルーの熱帯雨林へと一瞬にして飛ぶ。チカーノ研究の第一人者であるラモン・サルディバルはそのような手法を「チカーノ・リアリズム」[22]と名づけた。

タイトルとなっている「タマスンチャレ」は、メキシコに実在する小さな街で、気候的には熱帯地方との接点に位置し、「闇の奥」へと続くラテンアメリカの入り口にある。北が近代であり、南が反近代である。したがって、タマスンチャレはそのはざまにあることを示唆している。北でも南でもない立ち位置にあえて立とうとしていると言える。しかし、小説内で展開される劇中劇で述べられるセリフである「タマスンチャレへの道はどこにも到達しない」は、近代と反近代の断絶を表現しようとしていると推測できる。つまり、「闇の奥」には到達点はないのである。カベサ・デ・バカが直面した漆黒の闇は、アリアスの物語によってふたたび意識化されたが、プラセンシアの『紙の民』は、現代の「闇の奥」にある新たな状況を剔出しようとしている。

ロードを中心に据えて書かれ続けるチカーノ文学の系譜を通して私たちは、ロードがもたらす新たなコミュニティの光と影を、時代時代に応じた苛烈な形而上的闘争の問題としても理解し、また、自らの問題としても引き寄せて考察することができるのである。

# Ⅲ　境界線を越えゆく亡霊たち——英雄、風景、死の共同体

マルクス・エンゲルスの『共産党宣言』冒頭に掲げられている「亡霊がヨーロッパに取り憑いている。共産主義の亡霊が」とは人間に憑依する「思想という亡霊（mirage）」のメタファーである。人は亡霊に取り憑かれ、社会も亡霊に取り憑かれる。理性を極限まで思考したカントは、超越的な理念を想定しつつも人間の経験のなかではその理念に到達することはできないとして最終的に「亡霊」を「要請」した(1)。つまり、亡霊というピースを付け加えなければ人の心や社会をうまく説明できない場面があるということである。では、人や社会に取り憑く亡霊は、宗教的な教義やイデオロギーとは異なるのだろうか。それに関して、デリダはマルクス論のなかでこう述べている。

マルクスが記述する理念化は、それが貨幣の理念化であろうとイデオロギー素の理念化であ

ろうと、幽霊の、幻想の、仮象の、見せかけのあるいは幻影の生産という形をとる。(2)

亡霊は宗教や貨幣やイデオロギーのメタ概念なのだ。亡霊に着目したマルクスが、なんとかしてそれを捨て去り、唯物主義へと向かおうとしても、それでも亡霊は私たちを追いかけてくる。デリダはその相克に関心をもった。デリダが説明するように、さまざまな「関係」の効果を通して、現実には存在しないモノが亡霊のように浮き上がってくる。したがって、亡霊は固定された定義によって演繹的に導かれるのではなく帰納的推論によって姿を現す。亡霊は実体とは無縁である。とするならば、イタリアのマルクス主義者であるアントニオ・ネグリによる「幽霊という仮面の後ろに隠れた過程の充溢せる現実的な発生的実在を探し当てたい(3)」という努力は徒労に終わるのだろうか。表象としての亡霊を語るとともに、その発生の意味を考えてみること、その発生の意味を考えてみるとともに、それらを規定している諸関係についても探ってみること、その問題をデリダは「憑在論」と名づけた。私たちの社会にはたしかには存在しないにもかかわらず、生きている人びとに影響を及ぼすモノが存在する。それらは私たちの身体に直接に危害を与えたりすることはないにもかかわらず、どうしようもなくある方向へと私たちを突き動かしてしまう。デリダの言葉を借りるならば「命令」である。

物理的のみならず精神的にもアメリカの周縁に追いやられることになるチカーノを「西漸運動」のなかで侵略したのは「明白なる運命（マニフェスト・デスティニー）」と呼ばれる亡霊だった。

『共産党宣言』に倣って「亡霊がアメリカに取り憑いている。マニフェスト・デスティニーの亡霊が」と書いてもさほど間違いではないだろう。マニフェスト・デスティニーは、一八四五年に「デモクラティック・レビュー」誌に掲載されたジョン・L・オサリバンの「併合」と題する論文において初めて登場した。直接的にはテキサス併合を目的とし、オレゴン割譲の正当化や米墨戦争への引き金を視野に入れていた。ロドルフォ・アクーニャは、その思想はピューリタン的なキリスト教に基づいていると述べている。[4] オサリバン自身の文章もこのスローガンを「神によって割り当てられた大陸に拡大するわれわれの明白な運命」という文脈で使用している。さらに、新聞記者、歴史家、小説家、批評家などがさまざまな言葉で、アメリカが「神意（Providence）」のもとに大陸を横断し、太平洋まで到達することを主張した。たとえば、詩人のウォルト・ホイットマンは『草の葉』で、何かにせき立てられるようにして「前進しながら死ねれば本望[5]」のような扇情的な詩をいくつも残している。

　近代化するにつれて宗教が世俗化するとしても、公的空間に以前とは異なる形で宗教が紛れ込むことによって大衆は思想的にナイーブな状態におかれる。大衆が宗教のくびきから解放されることはない。カナダの政治哲学者であるチャールズ・テイラーは「アメリカ人民は自分たちを〈われわれ〉と名指すようになったとき、同時に〈神のもとでひとつとなった人民〉とみずからを定義し、いまもそう定義している[6]」と述べて、マニフェスト・デスティニーの精神は一八世紀に始まったことではなく、建国当初から胚胎していたことを思想的に解読している。テイラーが近代の属性として重視する「社会的想像」は私たちがいまここで論じている亡霊と無縁ではない。私たちは社会のあり方を理論で納得するのではなく、イメージや物語を経由して理解する側面がある。このような近代化の亡霊に抗するためにチカーノが選択したいくつかの方法論のうち、ここではもっとも重要だと思われる「英雄」「風景」「死の共同体」について見ていくことにする。これらもまた、亡霊の機能を担っていることは言うまでもない。亡霊は人びとを動かしまとめあげる際にもっとも効率的に作用するからである。

＊＊＊

アメリカの西部にスペイン人の宣教師が現れた一七六九年から米墨戦争が終わる一八四八年までのあいだを「パストラル」の時代と呼ぶ。スペインとメキシコの両国の影響下におかれた西海岸において、いまに続くヒスパニック文化の下地が形成され、多くのスペイン語の地名がつけられた時期である。その後、グアダルーペ・イダルゴ条約（一八四八年）が締結されるのを待つようにして金鉱の発見が報じられると、一攫千金を夢見る者たちがアメリカ各地から押し寄せるようになった。それに対してアングロたちは、ペルーやチリなどラテンアメリカからの移民を追い出すために高額な税金を課す「ドラコニアン法」を成立させて抵抗した。金鉱から閉め出された移民たちの多くは、母国に帰ることなくそのまま盗賊（bandit）と呼ばれるようなアウトローになり、彼らが醸成する時代の空気は「西部劇」へと受け継がれていく。盗賊は西部劇の英雄と同じ現象の裏表に過ぎない。歴史を生き延びた勝者が英雄となる。

まだチカーノという名称を用いるには彼ら自身が「何者であるか」という問いと十分に対峙していないこの時期は、集団としての意識が欠如したいわゆる「歴史」以前の時代である。ネイションの歴史と同じようにチカーノの歴史も神話の時代から始まる。メキシコ人と共有するアステカの神々、マリンチェ、グアダルーペの聖母、ラ・ジョローナらとともに、ホアキン・ムリエータ、グレゴリオ・コルテスらもまた、存在自体の確かさよりも亡霊としての性格に彩られている。つまり、確かには存在していることを確認できないにもかかわらず、現実に存在する人物以上にそれらは人びとの思いを引きつけるのである。「歴史」という語り口を手に入れた民族集団が神々と英雄伝説の時代から書き始めるように、チカーノの歴史も生者と死者のはざまから始まる。歴史的記憶を掘り起こし創り上げることによってエスニック共同体を追認するのである。エスニックが共同体としてのまとまりを確立する過程を考える際に、アントニー・D・スミスが『ナショナリズムの生命力』のなかであげている「エスニック共同体の属性(7)」はチカーノにおいても有効である。スミスによれば、エスニック共同体は次のような特徴をもつ。

一　集団に固有の名前

二　共通の祖先に関する神話

三　歴史的記憶の共有
四　ひとつまたは複数の際だった集団独自の共通文化の要素
五　特定の〈故国〉との心理的結びつき
六　集団を構成する人口のおもな部分に連帯感があること

試みに、スミスの意見に則ってチカーノ共同体に敷衍するならば「一　集団に固有の名前」は、一九七〇年代のチカーノ・ムーブメントを通して人口に膾炙するようになった「チカーノ」という名称を確立させたことにあたる。「二　共通の祖先に関する神話」は、これから述べるムリエータやコルテスらの英雄神話と結びついている。「三　歴史的記憶の共有」は、アステカの神話と米墨戦争によって分断された国境線の記憶である。「四　ひとつまたは複数の際だった集団独自の共通文化の要素」は、グアダルーペの聖母やプラカ（グラフィティ）や刺青や音楽など多岐に渡るチカーノ文化である。「五　特定の〈故国〉との心理的結びつき」とはアストランであり、「六　集団を構成する人口のおもな部分に連帯感があること」は、カルナリスモや死者の日などのチカーノの慣習や儀礼を通しての連帯感をあげることができる。スミスが指摘するように、エスニック共同体において重要なことは「祖先の存在の事実ではなく、共通の祖先に関する神話こそ不可欠」なのであり「虚構の出自」や「推定上の祖先」はチカーノに限ったことではない。

「共通の祖先」としてチカーノが想起する代表的な亡霊としてホアキン・ムリエータがいる。盗賊が跋扈する状況のなかで登場したホアキン・ムリエータは米墨戦争が終結してまもなく、早くも一八五〇年頃から数々の新聞等で名前があがるようになり、徐々に象徴としての英雄像へと変容していった。ルイス・レアルの自伝によれば、初期は「ホアキン」だけであったり、ムリエータの「r」がひとつだけだったりと名前は一定していなかった。レアルは当時の新聞記事や三文小説など膨大な資料にあたった上で「五人のホアキンが存在し、その内の一人がムリエータだった」[8]と述べている。ホアキンが象徴へと変化する過程は、事実の集積が物語に収斂していったというよりも、自らのアイデンティティを委ねるべきモノがなかった人びとにムリエータと呼ばれる亡霊が憑依して作り出した「神話」とも呼べるものである。その神話はおもに、チェロキー族の族長であった父と祖父を「涙の道」の途上で亡くしたジョン・ローリン・リッジの描いた小説を通して、イメージが具体化され可視化されて民衆のあいだに広まった。この小説は舞台をアメリカ以外の各地に設定したこともあり、出版後まもなくフランスとチリとメキシコで翻訳され、のちに一九六六年になってノーベル文学賞受賞者のパブロ・ネルーダがチリ人に設定したホアキン・ムリエータの詩を発表した。ホアキンは圧力に抵抗する奔放な冒険者として固有名詞以上の意味が付加されたのである。

パストラルの時代に現れたゾロもまたそのような表象の一人であったが、ルイス・レアルによれば、ゾロもまたホアキン・ムリエータの伝説に基づいている。スペイン領からメキシコ領へと移行する混沌とした時代を一人の人物に象徴させることによって、私たちは彼を目がけて過去へと遡及する。境界が定かではない共同体や共有するべき神話をもたない民族は、英雄に自らの共同体を託すのである。ゴールドラッシュ以降のアングロとの軋轢の増加は、チカーノのアイデンティティの輪郭を否応なく形作り、共同体を象徴する人物がそれに合わせて現れた。その際に「アングロに抵抗した者」は人びとの思いを託すに足る重要な理由となる。

チカーノ・ムーブメントをリードした一人であるロドルフォ・コーキー・ゴンサレスが一九六七年に発表した詩集『私はホアキン』(9)のタイトルはホアキン・ムリエータからとられた。そこには「進歩」に抵抗する人物たちがホアキンと重ね合わせるようにして何人も取り上げられている。アステカ最後の王クアウテモク、アステカ帝国の基盤をつくったネサワルコヨトル、グアダルーペの聖母が舞い降りたファン・ディエゴ、メキシコの革命家であり大統領のフランシスコ・マデーロ、そして、エミリアーノ・サパタらである。その他、民衆を支配する立場に属するエルナン・コルテス、ポルフィリオ・ディアス、ビクトリアーノ・ウエルタなどもムリエータと重ねて登場する。その意味は、チカーノおよびメキシコ人の複合的なアイデンティティを多角的に表現しているのだろう。サパタの名前を冠した「サパティスタ民族解放軍（EZLN）」と同じように、ムリエータはさまざまな形で現代にまで生き続け、チカーノの人びとのアイデンティティを支えている。しかし、それは根も葉もない歴史を捏造するという意味ではない。記録されたかもしれない可能性としての歴史を発掘し提示することによって、現在流布している特定の（おもに勝者の）視点から作り上げられた「正史」を相対化するのである。

＊　＊　＊

近代国家の領土は他国の領土と接するまで拡大する。地球上にいずれの国家にも属さない土地は存在しない。したがって、国家は内実はどうあれ、ひとつの単位として横並びにされる。国家言語も同様である。固定された静態的な言語を想定することによってはじめて、翻訳は可能となる。そして、ある国家言語ともうひとつの国家言語の翻訳を行うことによって、言語は国家のようにひとつの単位であることが強化される。現実には翻訳されない「ことば」があり、さらに、翻訳をする際に捨てられる言い回しや表現方法や比喩や感情などが無数にあったはずだ。亡霊はそのような国家言語に回収されない言語から立ち現れるのではないだろうか。無意識は翻訳されない余剰の言葉に蓄積されるのである。翻訳という行為は近代的な「社会的想像」を構築するに寄与したが、余剰の言葉は行き場を失った。亡霊とは余剰の言葉が映し出す幻影である。アメリカ国内に設けられたインディアンのリザベーションや日系アメリカ人の強制収容所を余剰と位置づけて相対化し「アメリカ人」のアイデンティティを幻影として浮かび上がらせたことと同じ構図である。

『想像の共同体』で有名なベネディクト・アンダーソンは『比較の亡霊（spectre）』でフィリピンの小説家であるホセ・リサールの『ノリ・メ・タンヘレ』を通して、共同体は他の共同体を意識することによってナショナリズムが生まれることを示す。それらは相対的な存在なのである。

ひとたびそれに触れたら、以後はけっしてマニラのことを同時に考えずにはベルリンを体験できず、ベルリンのことを考えずにはマニラを体験できなくさせてしまう新しい不安定な二重性の意識のことである。まさにここにはナショナリズムの根源がある。なぜならナショナリズムというものは、数々の比較をすることによって生き長らえるからだ(10)。

『ノリ・メ・タンヘレ』の風景描写はマニラとベルリンとの比較のなかでお互いに固有の意味を帯び始める。それは翻訳行為が生み出す影響と通底している。ナショナリズムと国家言語は、それ以外の国家と言語の比較から現れる亡霊である。アンダーソンの『想像の共同体』で説かれたように、同じ小説や新聞を同じ時に読むという行為を通してナショナリズムに寄与するとしても、儀式や風習や言語や交換などとともに日々の生活を包み込んでいる「風景」は、それ自体で共同体の感覚を養う媒体となる。風景に対する認識は新たな「言葉」とそれにともなうパラダイムを手に入れることによって変容する。風景がそこにあることに気づくためには視界に写る要素を秩序立てる物語が必要なのである。

ゴールドラッシュの影響をあまり受けなかったカリフォルニア州の南部で、ヘレン・ハント＝ジャクソンが、ヒスパニック文化が色濃く残る風景のなかで書き上げた『ラモーナ』は、サウスウエストの風景の認識論的転回に大きく寄与した作品である。『ラモーナ』を発表する三年前の一八八一年にジャクソンは先住民問題を告発する『恥辱の世紀』という書物を出版した。それによって、インディアンを救いたいという気持ちに偽りはないとしても、そこには「帝国主義的ノスタルジー」が介在し「白人に教化されるインディアン」という発想は「マニフェスト・デスティニー」と共通している。そのことを前提としてみると、インディアンとスコットランド人のハーフのラモーナが自らに流れているインディアンの血に目覚めながら、新しい住人であるアメリカ人との相克が描かれるこの小説には、人種を前景化したという点において近代的な側面をもっている。しかしここでは、『ラモーナ』に詳細で優美な風景描写がふんだんに盛り込まれたという点に着目したい。例として第二章の冒頭を引用してみよう。

セニョーラ・モレノの屋敷は、一九世紀初頭のスペイン人やメキシコ人の総督統治時代に栄えた上流階級の屋敷として、カリフォルニアでも最良の見本のひとつといえる（……）「ニュースペイン」という古い名称が人びとの心温まる追憶を誘って根強い愛国心を刺激し大航海時代のインディーズの法則がそのまま土地の法則としてなおも残っていた時代のことである。人びとの暮らしは絵画的で、情趣に富み陽気な風情をたたえていた。太陽がさんさんと降り注ぐこの海岸沿いの光景はまさに劇の舞台や物語の世界そのものだった。(11)

このような「スペインやメキシコのことを考えずにはサウスウエストを体験できなくなる」仕掛

けに富んでいる文章によって、ヒスパニックの風景は言葉に変換され物語となり、人びとに共有可能なものとなった。『ラモーナ』は見慣れた風景を「私たちの風景」そして「私たちの土地」へと変える役割を果たしたのである。初版で一万五〇〇〇部が刷られ、出版した一〇カ月後に作者は胃癌で亡くなったのだが、いまでも版を重ねて何度も出版されている。一八八七年にはキューバ独立革命の英雄でありモデルニスモの先駆者であるホセ・マルティがスペイン語へと翻訳し序文も書いている。マルティはアメリカ帝国主義に侵略されたメキシコに思いを致し、この小説をラテンアメリカに住む者すべてにとっての「私たちの小説[12]」とまで言って評価している。

まだグランド・ツアーの余韻にあった当時の人びとは、ラモーナが生まれた場所や結婚した場所を現実の土地のなかに探すことによって、物語のなかの風景と現実の風景を結びつけ、目の前の風景の意味をあらためて解釈した。それどころか、小説のなかの架空の人物像を実在のラモーナ・ルボという女性に当てはめてしまうほどにフィクションとリアルは交錯したのだった。小説のなかの登場人物にリアリティを与えるという行為はまさしく、亡霊に肉体と精神を与える行為である。実体は存在しないにも関わらず、関係性のなかで映像が浮かび上がるようにして存在し始める。風景がその後どのように変わろうとも『ラモーナ』が残した影響力から私たちは自由になることはできない。共有された風景に付与された記憶もまた、風景を構築する要素となっていくからである。実態はどうあれ、描写と記憶を含めた諸関係が風景という亡霊を作り上げたのである。

おもに黒人が主導した公民権運動に呼応して起こったチカーノ・ムーブメントで彼らは「チカーノ」を近代的な枠組みのなかに組み入れたうえで、その地位を高めようとした。白人が構築したパラダイムをあえて受け入れ、彼らのルールのなかで自らを認知させるための運動であったと言えるだろう。しかし、ここまで何度か言及してきたように、チカーノの共同体は属性としてアメリカの掲げる国家原理とは相容れない面を多く残している。

チカーノ・ムーブメントのさなかに書かれた『タマスンチャレへの道』は近代と直面することによって逆に明らかになったチカーノの反近代性が浮き彫りとなった作品である。ロサンゼルス生まれのロン・アリアスが一九七五年に発表した『タマスンチャレへの道』は、若者を主人公にすることが多いチカーノ小説とは異なり、八〇歳の主人公ファウスト・キローガが死ぬまでの数日間を描いているところに最大の特色がある。この小説の結構や表現自体もラテンアメリカの現実を描写するために多用されたマジックリアリズムを踏襲して書かれている。「現実」には起こりそうもない現象が魔術的リアリズム小説では起こる。ホルヘ・ルイス・ボルヘスやガブリエル・ガルシア＝マルケス、カルロス・フエンテスらが好んで使用した技法である。『タマスンチャレへの道』の全編が死と生のあわいのなかにあり、ロサンゼルスにペルーの風景が突如として出現するなど、時空間は交錯して描かれる。反近代的で神話的な性質を有する境界線は、人間と動物の境界線、生物と無生物の境界線、現実と空想を隔てる境界線なども曖昧にさせ拡散させる。たとえば、カルロス・カスタネダが、ヤキ・インディアンのブルッホ（呪術師）であるドン・ファンの助けを借りながら、コヨーテ（動物）の声を聞き、メスカリート（植物）と言葉を交わしたように、[13]ファウストはタマスンチャレについて説明するなかで、鳥と会話をし「何にでもなれる」と述べている。また、タマスンチャレは故郷ではあるが誰もまだ見たことがなく「そこでは誰も死ぬことはない[14]」とも語っている。

これらの言葉から、おそらくタマスンチャレは死後の世界を指していると想像できる。チカーノがアストランという想像上の故郷が実際にどこに位置していたのかにはあまりこだわらず、そこに付与された物語に意義を見いだしたように、『タマスンチャレへの道』も実際に「どこかに到達しなくても構わない」のである。私たちの最終的な終点は死であって、それまでの目的地は過渡的なものに過ぎない。一方通行の行程である人生は、人間が誰でもいずれは到達することになる「死に至る道」だ。そこまでのあいだで人びとは共同体を構築せざるを得ないことを悟り、ときには劇中劇（一一章）も演じなければならない。劇のなかのバスに乗ってタマスンチャレに向かう際の「バス」は共同体のメタファーであり、最後にはみなバスから降りることになる。到達する場所はあくまでも同じところ（死）であることが重要なのであり「人はいつか死ぬ」という一点において認識を共有し、唯一の共同体を生きている。人は誰でもこのファウストと同じように「dying」の途上にある。

「観察の蓄積」ではなく「説明の体系」によって導かれる合理的共同体を忌避するアメリカの哲学者アルフォンソ・リンギスは「共同体は、人が自分自身を他者に、自分の外に存在する力と能力に、死と死すべき運命の他者に、曝けだす動きのなかで形作られる[15]」とする。柳田国男が戦時中に『先祖の話』を書くことで、日本という共同体と祖先とのつながりを明らかにしたその解釈と発想を共有しているのではないだろうか。私たちはもともと死者を故土からそう遠く離れた場所においたわけではなく、チカーノと同じように死者との多くの通路を手にしていたのである。生まれてから死んでゆくあいだに、それぞれ独自の道を歩みながらも、他者や亡霊とつながったり離れたりしていくつかの共同体を築くという点で『タマスンチャレへの道』の登場人物と体験を共有する。排他的な境界線で壁を作り固定した共同体を築くのではなく、死者を重層的なレベルでつながり合いながら複数の自分を状況に応じてつなげ合わせる必要がある。そのなかには、見捨てられた諸関係のはざまに浮上する亡霊としての共同体が存在している。それが「死の共同体」なのである。

＊　＊　＊

メキシコ人とチカーノのアイデンティティは「メスティソ」（スペイン人とインディオの混血）にある。メスティソに関係する亡霊について最後に述べておきたい。混血という状態を形而上的な領域で称揚する考え方がある一方で、メスティソという概念には「陵辱した白人男性」と「陵辱された先住民女性」という構図が伏流し、彼らはそのような負の遺産としての亡霊に拘束されてきた。父親は陵辱した者で母親は陵辱された者という単純な図式は理念的に純粋化された虚構である。しかし、亡霊とは諸関係の作り出す幻影であるという意味において、そもそも虚構である。メスティソという概念はチカーノを拘束する最大の亡霊である。

その虚構の原点に位置する人物として、一五二一年にメキシコ(アステカ帝国)を征服したスペイン人のエルナン・コルテスと、先住民から選ばれてコルテスの愛人兼通訳となったマリンチェ(マリーナ)がいる。コルテスとマリンチェはヒスパニックのアダムとイブであり、彼らの息子であるマルティン・コルテスは最初のヒスパニックであるとされる。メキシコ人の視点からは、マリンチェは白人男性を優位におきつつ白人文化に迎合して生き残りを謀った裏切り者として非難されてきた。「肌の色の白さ」と「男性であること」を優位におく起源の物語は、新大陸における混血の民の「人種とジェンダー」に決定的な刷り込みを施すことになったのである。

この点において、コルテスに仕えたベルナル・ディアス・デル・カスティーリョが残した『メキシコ征服記』の記述を参照することは、コルテスとマリンチェの「物語」の虚構性を明るみに出すことになる。その報告記には、マルティン・コルテスが誕生する一〇年以上も前に、ある先住民の女性がスペイン人とのあいだに子どもをもうけていたことが記されている。そのスペイン人はパロス出身の船乗りでゴンサーロ・ゲレーロという名前であった。一五一一年に難破してユカタン半島のキンタナ・ローに流れ着き、マヤの奴隷となり三人の子どもをもうけた。これが事実とするならば、ゲレーロと現地の女性こそがヒスパニックのアダムとイブであり、その三人の子どもこそがプロト・ヒスパニックであったと言えるだろう。さらに『メキシコ征服期』の記述によれば、ゲレーロは顔に刺青を彫り耳に穴を空けるなどしてマヤの文化に同化していたばかりでなく、酋長かつ指揮官の役割を果たす程までに現地に同化していた。のちにゲレーロはコルテスから通訳の要請を受けたときも、自分はすでにマヤ人であるとして拒絶している。

この「もうひとつの物語」においては、自らを変質させて他者の文化に迎合したのはインディオ「女性」ではなくヨーロッパ白人「男性」の方であった。さらに、カスティーリョの記述によれば、コルテスの通訳はマリンチェだけではなくヘロニモ・デ・アギラールというスペイン人男性も重要な役割を果たしており、その点からも、歴史記述のなかで生き残ったマリンチェは過大評価されている。おそらく「支配する男性白人」と「支配されるインディオ女性」という関係が、勝者である征服者にとって都合のよい物語だったからであろう。マリンチェは歴史の過程で亡霊化されたのである。チカーノはその後「チンガーダ（陵辱された女性）」としてのマリンチェ」（オクタビオ・パス）を通して創造された不平等な「起源の物語」を補完するような形で「グアダルーペの聖母」や「ラ・ジョローナ（泣き女）」という女性像に自らのアイデンティティを託してきた。チカーノのアイデンティティを考えるうえにおいて避けることができないこれらの女性表象ではあるが、起源の物語にもう一度目を向けることによって、人種とジェンダーは再考を促されるだろう。

チカーノ世界に亡霊という視点を取り入れることで、亡霊は可視化された。英雄としての亡霊は、小説を介して風景という亡霊を獲得し、小説によって亡霊化された死の共同体に寄与した。やがて現実に侵入した亡霊は私たちの生活と思想に影響を及ぼす。それらの亡霊はもちろん「幽霊の、幻想の、仮象の、見せかけのあるいは幻影の生産」（デリダ）である。国家や共同体や人種や民族やジェンダーにとどまらず、風景や英雄や宗教や信念もまた亡霊の産物である。たしかには存在しないにもかかわらず私たちに影響を及ぼし続ける。あたかも実体と見えてしまうモノがじつはスクリーンに映し出される幻影だとしても、その重要性は少しも減じない。「民族は架空の創造物である」「国家は想像の産物である」という非難は、銀幕に向かって叫ぶ空しい谺だ。ハムレットの父は直接に手を下さなかったとしても、クローディアスは実際に殺されたのである。私たちは亡霊に生かされ亡霊に殺される。そのような視点を獲得した私たちはもはや、歴史や芸術や哲学をそれぞれ切り離して、恣意的に操作するような単純な発想をもつことはできないはずだ。なぜならば、私たちの身体や思いもまた亡霊に取り憑かれているからである。

＊　＊　＊

# Ⅳ 日本とメキシコの境界線——サウスウエストへの旅

二〇〇四年の一〇月末から一一月にかけて私はアメリカのサウスウエスト（アメリカ南西部）を車で回ることができた。「ハロウィン」と「死者の日」が祝される時期にあたり、四年に一度のアメリカ大統領選挙が行われる時期でもあった。行く先々で私は、異なったルーツの祭りが共存し融合しているのを楽しむと同時に、[1]大統領選挙というアメリカ最大の国民的な「祝祭」を堪能することができた。ヒスパニックの人びとが多く暮らすニューメキシコ州のアルバカーキでは、民主党の応援に訪れていたクリントン元大統領の演説を聴き、チカーナのリンダ・ロンシュタットの歌声を耳にすることさえできた。

しかしじつは、このときの旅で私がもっとも訪れたかった場所は、このような何度も訪れたことのある見慣れたサウスウエストではなかった。「マンザーナ強制収容所[2]」と呼ばれるロサンゼルスの北に位置する荒涼とした大地にある「歴史的な痕跡」こそが、私の訪れたい場所であった。そこは、私の「祖母（の姉）」が戦争中に収容されていた場所で、彼女自身はこの数年前にロサンゼルス南部のロングビーチですでに亡くなっていた。むしろ私は、彼女が亡くなることによって初めて訪れようという気持ちになれたと言えるかもしれない。人生の途上で遭遇した直視したくない経験を生前の彼女があえて語ろうとせず、そうすることによってその後の長い人生を生き抜いたことを私は知っていたからである。

快晴のロサンゼルスに到着したその日に、スピードオーバーで警察に捕まりながらもたどり着いたその場所は、写真で何度も見ていたあの有名なシエラネバダ山脈を背景に静かに佇んでいた。モノクロ写真の向こう側と同じように、空は冴え渡るように青く澄んでいた。収容所跡の傍らには「マンザーナ・ナショナル・ヒストリック・サイト」と名づけられた瀟洒な資料館が建てられていて、私はそこに勤める白人の男性と会話をする機会を持つことができた。彼は私の親族が収容されていたと知ると何度も「申し訳ない」という意味の言葉を口にしたが、その会話のなかで私は「ラルフ・ラゾ[3]（一九二四―一九九二）」という人物の名前をはじめて耳にした。アイルランドの血を含んだメキシコ系アメリカ人であるラルフ・ラゾは、日系人の友人を追って大戦中に自ら強制収容所に入った人物として知られていた。私が訪れた二〇〇四年は、偶然にもラゾの半生を扱った三〇分ほどのショート・フィルム[4]が制作された年でもあった。人種や民族を異にしながらも「友情」を仲立ちにして収容所へと赴くことができたラゾのような人物と、そのような心性をはぐくんだ歴史的背景に私は徐々に興味を引かれ、旅をするあいだも心の奥底につねにラゾがいたように思う。

＊　＊　＊

メキシコ人と日本人の邂逅というとすぐに、チカーナとロサンゼルスで結婚した日系二世の作家セッシュー・フォスター[5]や、日系二世の女性と戦後すぐに日本で結婚したチカーノ研究の泰斗アメリコ・パレーデス[6]を思い起こすことができる。どちらの書き手も文化と文化のはざまで思考し国家原理に収まらない文章を、詩集や小説や研究書として残してきた。メキシコ人は「米墨戦争（一八四六―四八）」でアメリカに敗北し領土を割譲され、一〇〇年を挟んで日本人は「太平洋戦争（一九四一―四五）」でアメリカに敗北した。アメリカという大国と接する共通点を持つ日本人とメキシコ人の出会いにはどのような意味があるのだろうか。太平洋を越えてアメリカで両者を邂逅させた「グローバリゼーション」が及ぼす力とは何か。

情報機器や交通手段の発達とともに加速するグローバリゼーションは、やがて身振りや口調や常識や習慣などあらゆる面において、人びとを特定の規格のなかに押し込めようとするだろう。そこには、市場を海外に求める「経済」や他国との折衝を行う「政治」が国境を越える動きをあと押しする。その過程で通常ならばけっして出会うことのない人びととも出会うことによって、私たちはすでにヴァナキュラーな次元で獲得している視線や感性をグローバリゼーションに則したものへと

「歪めて」いくのである。「西洋の衝撃」とはグローバリゼーションに直面した西洋以外の人びとが受ける衝撃であり、多様な歴史を西洋のものへと軌道修正する際にともなう痛みのことである。実際には、かつて「出版資本主義」がもたらした「均質で空虚な空間」(7)を志向した国民国家のようには、世界は同じ空間と時間に統一されてはいない。マクルーハンが「グローバル・ビレッジ（地球村）」という言葉で暗示したように、私たちは価値観を共有できないにもかかわらず、お互いがお互いを無視することができない世界に住むようになっているのである。不快な他者を無視し、見えない他者とするために「境界線」は利用される。

グローバリゼーションが「世界（グローバル）を単位としたひとつの国家」へと向かわないひとつの理由は、グローバリゼーションの「内実」が、おもに経済力と政治力を背景にした特権的な地位にいる者たちによる一方的な越境によって行われる暴力的な側面が強いからである。アメリカの暴力的なグローバリゼーションによる越境を、メキシコと日本は一〇〇年の時間差のなかで経験しているが、欧米の基準をそれ以外の地域に押しつける動きは「狭義のグローバリゼーション」でしかない。グローバリゼーションが世界を覆うことができないもうひとつの理由は、ナショナリズムが国内に「非」国民を創出することによって「国民」を逆照射して措定するような方法では、全世界を網羅することができないからである。アモルファスな言語状況のなかから選ばれた特定の「言語の固定化」(8)が、集団の成員が同じ集団に属しているという意識をはぐくんだようには、世界にはナショナリズムを刺激するような「外部」は存在しない。

したがって、国民国家内にかつて絡まり合うように存在した言語や人種や民族や文化などのあらゆる境界線が薄められ消滅していくのとは異なり、グローバルなレベルでの重層的で複雑な境界線は消滅していない。それどころか、それまで近代的な認識方法では存在が感知されなかった多様な境界線や差異が浮き彫りにされるようになった。インディアンの視点も尊重しながら「フロンティア」を描いた『インディアンのフロンティア』で著者は数枚の地図を採録しているが、インディアンが西洋に駆逐される前は、境界線はまったく引かれていない。彼らを閉じ込めることによってはじめて境界線は姿を現したのである。[9]グローバリゼーションを通して「近代的な概念」に接することで境界線は顕現化する。しかし、複雑な状況を一義的な境界線によって表現することはそもそも不可能である。米墨国境をアメリカからメキシコへ抜ける場合とその逆では障壁の度合いが異なるにもかかわらず、メキシコから見た米墨国境線とアメリカから見た米墨国境線を私たちは次第に同じものと見てしまう。地図上に引かれた線分で同じ意味をもつものはない。結果的に、グローバリゼーションを経験したあとの土地には「消滅した境界線」と「顕現化し抵抗する境界線」、そしてグローバリゼーションの影響によって「新たに生まれた境界線」が同一の形をした線分によって併存するようになった。その結果、地図には表現できない境界線のあり方は従来よりも錯綜した様相を呈している面があり、グローバリゼーションによって世界は複雑化していると言えるだろう。

＊
＊
＊

グローバリゼーションは「時間と空間の圧縮[10]」によって時空間を均していくようなある種の非在郷（ユートピア）に向かっているというよりも、入り組んだ重層的な時空間を併せもつ「混在郷（エテロトピ[11]）」を形成する役割を担っている。「場所」は必ずしも境界線で囲むことによって「現れる」ものではなく、収縮し拡張し飛び地になり薄くなったり濃くなったりするトポスである。空間は囲まれることによって他の空間と区別をすることになり、それによって内部を均質化しようとする動きがともなってしまう。支配する側に有利な固定した人種言説が近代の産物であるのとは異なり、さまざまな「ところ」で引かれている「線」は思いがけない方法で思いがけないものを結びつけることができる。家族や地域社会や会社や学校や宗教、そしてまたそれ以外の多様なつながりによって私たちはさまざまなレベルで集団を形成している。それら複数の共同性のなかの「民族」や「人種」のみに焦点を当てることによって時間と空間は歪曲し硬直する。したがって、ヒスパニックのような人種や宗教や言語内の複数の「線」を内に併せもった人びとはセンサス（人口調査）を攪乱する無秩序な存在なのではなく、民族や人種以外の紐帯を照らし出す存在として意義をもつようになる。たとえば、スペイン語、英語、カロ（チカーノの使用する混成言語）、ナワトル語などの多言語の個々人における構成や布置が、その人のアイデンティティを決めるのである。ドゥルーズは「線」について次のように述べている。

私たちが「地図」とか「ダイアグラム」と呼んでいるのは、同時的に機能する多様な線の集合のことです。じっさい、じつにさまざまなタイプの線があるわけで、しかもそれを芸術にも、ひとつの社会のなかにも、ひとりの人間のなかにも見出すことができる[12]。

そこでは、「芸術」や「社会」や「人間」のなかに引かれている種々の境界線が交錯している。彼らのあいだにゆるやかに横たわっている近代的で排他的ではない境界線のことを、私はここで「薄墨色の境界線[13]」と呼んでみたいと思う。「薄墨色の境界線」は面積をもたない「理念としての近代的な境界線」ではなく、それ自身が面積をもつ「境域」であるとともに、他の境界線と絡み合い重なり合う境界線である。

一九四〇年代前半に、メキシコ系アメリカ人のラルフ・ラゾが日本人の側へと躊躇することなく容易に飛び込めたのは、まさしくこのようなグローバリゼーションの副産物としての「出会い」のおかげであり、そこには人びとのあいだを切断するような境界線ではなく「薄墨色の境界線」が引かれていた。だから、ラゾは向こう側に「飛び込む」というよりも、ただ「薄墨色の境界線」のなかを移動しただけだったのかも知れない。混血のメキシコ人を生んだ一六世紀以来のグローバリゼーション（ヨーロッパ人による大航海時代が生んだ混血と差別）と、日系アメリカ人を生んだ一九世紀以来のグローバリゼーション（通信機器や交通機関の発達と資本主義が生んだ富の偏重）による両者の邂逅がもたらした「薄墨色の境界線（境域）」は、さまざまな時代の出来事を内に湛えた「太平洋」そのものの比喩でもあるだろう。ポール・ギルロイの「ブラック・アトランティック」[14]という発想と同様に、パシフィックの海水の分子や海底の砂に沈んだままの残骸は「歴史」として取り出されるのを待っているのである。

＊＊＊

北アメリカ大陸の東岸から上陸したヨーロッパからの植民者たちによる「西漸運動」は、「フロンティア」と呼ばれる狭義のグローバリゼーションを駆動させるトポスを、独断的な視点と思想によって肯定化した。近代合理主義を伝播することを真理とした「明白なる運命」と呼ばれる偏見に満ちたスローガンを旗印として、彼らは先住民がすでに数百年の単位で築いていた境界線なきトライブ（部族）を破壊し、数々の抵抗する境界線を追いやり、リザベーション・キャンプという近代的で「明確な境界線」を新たに大地（地図）に刻んだ。アメリカに限らず国民国家は、内部に「外部」を作り出し、そうすることによって「内部」を初めて名指しすることができたのである。

先住民を閉じ込めたリザベーション・キャンプとともに、第二次世界大戦中に「敵性外国人」と認定された日系アメリカ人を押し込めたインターンメント・キャンプも、残余を可視化しようとする目的をもった同種の境界線である。フロンティアが種々の境界線を塗りつぶして自分たちにとって都合のいい境界線を引き直すように、帝国主義的な意図に基づく「戦争」は既存の境界線を暴力的に乗り越えて新たな線引きをしようとするグローバリゼーションの一形態である。アメリカ国内の「日本人」を一〇カ所の強制収容所へと移送する行為は、日本とアメリカの境界線をすでに越えてしまった異分子を再び「向こう側」へと押し戻す行為にほかならなかった。市民権をもつ日系人さえもが不当に退去を迫られたのと同じ時期に「メキシコ人」は「スリーピー・ラグーン殺人事件」(一九四二年八月五日)や「ズート・スート暴動」[15](一九四三年六月三日)に象徴されるような「白人」との確執を経験していた。戦争という性急なグローバリゼーションは、敵と味方(外部と内部)のあいだに明確な境界線を引くことを強要したのである。

そのような「近代的な認識の境界線」による暴力が猛威をふるっていた「一九四〇年代前半のロサンゼルス」には他方で、さまざまな人種と民族を出自とする人びとが同じ街で生活していた事例がいくつもあった。とくに、ダウンタウンの東側には、強制収容される前の日本人のほかにメキシコ人、黒人、ユダヤ人などのマイノリティ、つまり、一五世紀の大航海時代以来の連綿と続くグローバリゼーションがなければ出会うことのなかった人種や民族が混住していたのである。そのような地域を象徴する地名としてロサンゼルス川の東にある「ボイル・ハイツ」[16]があり、もともとはアングロが最初に植民した地域だった。しかし、アングロの有色人種への差別意識は強く、一九二〇年代にはアングロによって日本人の家が破壊され火をつけられた事例が報告され[17]、一方で、スペイン語を話すメキシコ人が広東語や英語へと自由にスイッチして話すような多文化を象徴する証言も伝えられている。[18] アメリカのマジョリティであるアングロは、インディアンを一所にまとめたように、マイノリティを有徴化して境界線の向こう側へと排除することによって安心感と一体感を得ていた。そのために、両者のあいだには徐々に明確な境界線が引かれながら、アジア系、アフリカ系、メキシコ系、ユダヤ系などの人びとはストリートで顔を合わせながら生活をともにした。やがて、彼らが持ち込んだそれぞれの境界線は交錯し、グローバリゼーションのもたらすもうひとつの可能性を示唆したのである。

＊＊＊

全米日系人博物館では、二〇〇二年九月八日から翌年の二月二三日にかけて「ボイル・ハイツ——場所の力」というタイトルの展示会を開催した。「場所の力」という副題は、ドロレス・ハイデンの著書[19]にインスパイアされている。「西海岸のエリス島」と呼ばれたボイル・ハイツは海外からの移民がまず身を寄せる場所であり、その結果、独特の多文化状況が築き上げられた。その歴史を振り返り意義を確かめようとする企画で、日系をはじめ、ユダヤ系、メキシコ系、イタリア系、アフリカ系などの元住民と現在の住民が、さまざまな品を持ち寄り、アートを展示し、音楽が演奏され、物語が語られた。奇跡的な多文化の融合による成果は一冊の書物にまとめられている。[20] 全米日系人博物館で発行された書物でありながら、写真のなかの人物たちは、日系人よりもむしろ、メキシコ系、アフリカ系、ユダヤ系などが多くを占めている。グローバリゼーションがもたらす異文化の境界面は容易に融合するものではないにしても、境界面に真正面から正対した展示と書物は未来に向かって開かれている。

一九四〇年代前半はまた、ヒトラーの圧政に追われてヨーロッパから逃げてきた知識人や俳優などが、ボイル・ハイツよりも海側の地域（ビバリーヒルズやサンタモニカ周辺）に暮らしていた[21]。亡命知識人として有名なホルクハイマーとアドルノが『啓蒙の弁証法』を著したのはこの時期の西海岸においてであり[22]、彼らは反近代的な神話や野蛮から逃れるために生み出した「啓蒙」という理念が新たな神話や野蛮に足を取られ堕落していくさまを考察した。

> 啓蒙にとっては、数へ、結局は一へと帰着しないものは仮象と見なされる。そういうものを、現代の実証主義は詩の領域に追放した[23]。

とするならば、啓蒙は混沌とした世界から「詩」を抜き去ろうとしたということになるだろう。近代とは詩と神話を失った世界であった。蓮實重彦は一九四〇年代前半のヨーロッパからの亡命知識人が集う特異かつ暗示的な状況をさして「二〇世紀の首都ロサンゼルス[24]」と呼んだ。しかし、ボイル・ハイツなどのマイノリティが暮らす土地にはいっさい言及していない。

「野蛮」を生んだ「二〇世紀」を二〇世紀足らしめているのは、移民国家を象徴する状況にあったロサンゼルスで、マイノリティの「ボイル・ハイツ」と白人の「ビバリーヒルズ」とのあいだにほとんど交流がなかったことからもわかる。たとえば、戦前から戦後にかけて製作された日本人の秘密諜報部員が主役の映画「ミスター・モト」シリーズでは、主人公が日本人ではなくユダヤ系ハンガリー人のピーター・ローレらによって演じられたように、この時期に大量に作られたハリウッド映画にはマイノリティの姿が映し出されることはなかった。東と西のそれぞれの地域ではグローバリゼーションの成果が開花していながら、両者を遮るようにして立ちはだかるマジョリティとマイノリティを切断する強固な境界線が横たわっていたのである。その境界線は、インターメント・キャンプ、コンセントレーション・キャンプ、リロケーション・キャンプなどと呼ばれる種々の「キャンプ」の境界線へと接続し、国民国家間の国境線ともつながり、そして二〇世紀後半以降に顕著な「ゲーテッド・コミュニティ」[25]を区画する境界線へとつながってゆく。ゲーテッド・コミュニティのゲートの内部と外部は、かつてマイノリティを閉じ込めたキャンプの内部と外部を反転させたに過ぎない。内部と外部という二項対立の発想は境界線の属性である。物質的想像力を飛翔させた哲学者バシュラールは「外部と内部は分割の弁証法を形成し（……）開いたものと閉じたものは形而上学者にとっては思想なのだ[26]」と書いている。

＊　＊　＊

さまざまな土地で人びとを閉じ込めた数多くのキャンプを空間と時間を超えた島伝いの重層的で可変的な共同性と捉え、太平洋を往還する想像力のなかで国家とは異なる共同性のつながりを示したのは、日系詩人のローソン・フサオ・イナダだった。詩集『キャンプからの伝説集』[27]の「序文」をイナダは、インディアンのナバホ族との出会いから始めている。ある儀礼に同席したときに老女から告げられた「おまえはシップロックのヤジーの息子に違いない」という言葉に詩人の想像力は刺激を受ける。そこから、自分のルーツを太平洋を越えてたどり、和歌山、熊本、ブラジル、ハワイと詩人の想像力は自由に巡るのである。「キャンプ」から「島」へ、そして「再部族化」による新しいつながりを詩人は夢想する。コロンブスは大洋を越えて日本（ジパング）を目指してアメリカにたどり着いたのではなかったか。

アメリカを訪れた無数の移民のそれぞれの心のうちにはそれぞれの複雑な「故郷」が存在し、新天地の「土地」および「時間」のなかで故郷という「記憶」は独自の形で生き残り、そして他者の記憶と混淆した。しかも、移民の故郷に流れていたそれぞれに固有の「時間」はアメリカにおけるそれぞれの「時間」（「建国当初」「西漸運動の時代」「戦争時」など）に持ち込まれることによって、「故郷」の時間と「アメリカ」の時間の無限の組み合わせを生み出すことになる。このような、空間的な横のつながりや時間的な縦のつながりが複雑に絡み合った時空間を表現するには、均質な空間や排他的な時間を想定して作られた「国家言語」は適していない。当該の文化はその文化が所持している言語の独自の文法によってもっとも近づくことができる。「薄墨色の境界線」を説明するためには、それに応じた「薄墨色の修辞法」が求められるのである。それゆえ、かつてアメリカという主体を明確化するために利用された「先住民」という残余は、時が経過するとともにフロンティアが均した退屈な土地を再び活性化させてゆく。近代が捨象した詩を生業とするイナダが衝撃を受けた老女の言葉は、欧米の論理が引き受けられないだけで、サウスウエストにとってはふさわしい言葉と概念であるに違いない。土地土地の文化はヴァナキュラーな言語やそれに裏打ちされた哲学によって維持されるのであり、サウスウエストの土地にとってはアングロの言葉と思想は「異物」でしかなかった。その土地のヴァナキュラーな言語や文法によってしか語られない「現実」というものがある。「語り」に応じた媒体によってしか姿を現さない風景があるのである。サウスウエストの「土」や「風」は長年そこで暮らしてきた者が培ってきた言語によって表現することができ、思想や哲学はそのような言語によって構築された。いや、彼らの作り出した言語の成り立ち自体が思想や哲学だったのである。

排他的な意味を志向する言語の枠組みにおいては、私たちは「薄墨色の境界線」を十全に表現することはできない。「AであることがすなわちBでもある」言葉は差異化の否定であり近代的な認識の否定となるからである。太平洋を越えたメキシコと日本の邂逅がもたらしたもうひとつのグローバリゼーションを適切な言葉で表現するには、従来とは異なる新たな言葉が必要であり、そして、その過程を通して新たな認識方法が浮上するはずである。たとえば、同じ地平にあって境界線の向こう側にある新奇な言葉を借りただけの表現方法や文学は必ずしも「新しい」とは呼べない。言葉自体が孕んでいる文法や修辞法の意味を問いかけることなく、固有名詞や舞台設定を取り替えただけの小説は「新しい文学」とは言えないのである。異国情緒に魅了され憧れるのは、明確な境界線の存在を前提とした「向こう側」への単なる憧れに過ぎない。エキゾチックの誘惑は境界線が作り出す幻のようなものだ。「彼ら」は「私たち」と異なりつつも共感しあえる「故郷」あるいは「キャンプ」を所有しているという想像力が、彼らと私たちのあいだに「適切な距離」を作る。「敵」を創造して排他的な境界線をあえて設定する必要がなくなるのである。

太平洋を渡った最初期のアジアからの移民[28]であるインディアン（インディオ）の言語のひとつ「ナワトル語」は、北アメリカからメキシコにかけて使用され、アステカ帝国の言葉でもあった。現在でも、メキシコでは一五〇〇万人によって話されているスペイン語に次ぐ第二の言語であり、英語やスペイン語などの他の言語にも多くのナワトル語が流入している。チョコレート、コヨーテ、アボカド、トマトなどは、語源はナワトル語である。一五一九年にアステカを征服したエルナン・コルテスは、パイナーラという街の首長の娘でありながら母親によってタバスコ人に売られたマリンチエ[29]を、何人かの女性とともに贈られた。ナワトル語、マヤ語、その他いくつかのインディオの言葉を話し、スペイン語もすぐに習得したマリンチェをコルテスは愛人兼通訳として重用したが、彼女が話すナワトル語やアステカの文化が内に秘めている可能性についてはもちろん省察することはなかった。彼にとって異言語や異文化は乗り越えて均すべきものでしかなかったからである。グローバリゼーションがもたらした暴力的な側面における苛烈な経験の筆頭を飾るに違いない新大陸と旧大陸の出会いは、排他的な境界線を設定して世界を踏み越えようとするヨーロッパによる侵略の端緒であった。ル・クレジオはこのときの東西の邂逅を「新世界の大地に立ち、新石器時代と変わらぬ民と、ルネサンスの甲冑を着、大砲を装備した兵士たちが突然対決したときの両文化の不均衡（……）は他のあらゆる価値を隠蔽してしまった（……）メキシコの文明は医学、天文学、都市計画においては、当時のヨーロッパより進んでいた[30]」と書いた。また、ル・クレジオはインディオ世界について描いた思索的な書物のなかで「世界は語りたがらない。世界は認識を恐れる。それは言語を欲せず、言葉にはまるで興味がない[31]」と綴った。西洋哲学が求めるロゴスは境界線を引いたうえで語りたがり、インディアンの世界には静謐な空気が流れていた。

ナワトル語が表現と対象のはざまの沈黙のなかで採用した概念に「ディフラシスモ」がある。それは「言葉と言葉」「モノとモノ」あるいは「モノと言葉」さらにはそれぞれの重層的な種類の複雑な組み合わせから生じる効果を言い表す修辞法で、概念を固定化させるのではなく流動化させることを目的としていた。つまり、何かを言い当てるのではなく、並列させることによってそこから立ち上がる意味を看取するのである。ナワトル語学者であるアンヘル・マリア・ガリバイの『ナワトル語の鍵[32]』の説明によれば、たとえば「街」は水と丘、「身体」は手と足、「詩」は花と歌で表現した。チカーノ詩人のアルフレッド・アルテアーガは、ディフラシスモを自身の詩作に応用することによって、チカーノがインディアンの末裔であることを強調している。[33]

＊＊＊

メキシコ系アメリカ人を国家原理には収まらない存在として捉え「グレーター・メキシコ」という概念を使用しながら「薄墨色の境界線」のなかで考察したのがアメリコ・パレーデスだった。メキシコに住むメキシコ人と、アメリカの南西部やシカゴなどに住むメキシコ系の人びとを同じ視野のなかに入れて考察するためのこの概念を通して「チカーノ」は主体化され、自分たちを語るための表現を手に入れることができた。米墨国境線によって分断されたために主体化することが難しかった人びとに「薄墨色の境界線」という新しい地平を開いたのだった。

「チカーノ」を創造したパレーデスが、一九四〇年代に日本に滞在し日系女性と結婚したこともまた、メキシコと日本をつなぐ重要な「線」である。戦後すぐに新聞記者の特派員として日本に滞在したパレーデスは、かつてアメリカに占領されたパレーデスの故郷であるリオ・グランデ下流域と日本を比較している。

敗戦を迎えた日本人が、アメリカの影響と占領のもとでこれまでとは異なった生活を経験することに、私は深い共感を感じた(34)。

「プロト・チカーノ」は日本でその萌芽が見られたのである。ここではまず、パレーデスの「日本体験」を概観してみよう。パレーデスは二九歳のときに、ヒロシマとナガサキに原爆が落とされたあと、一九四五年の後半に軍所属の「スターズ・アンド・ストライプス」の特派員として名古屋に降り立ち、岡崎に着任した。赴任地は蒲郡まで歩いていける距離にあり、生涯の友となる同僚でデザインを担当しているホースト・デ・ラ・クロワとは蒲郡の街によく出かけた。二人は一九四六年の初めにともに東京に転任し、パレーデスは世田谷にある六畳一間に住んだ。「私がもっとも心を打たれたのは、日本人の礼儀正しさからくる優美さだった。戦争が終わってたった数カ月しかたっていないのに、私たちは一日中東京の街や脇道を一人で歩くことができた」と書き残している。銀座、上野、日比谷など当時の主要都市の様子や、闇市、パンパン、「リンゴの歌」「東京ブギウギ」など当時の世相を細かく記事にしている。また、日本での幅広い取材はアメリカ支配下における民主化の意味を深く考察させることになった。ちょうど一〇〇年前にアメリカに占領されたメキシコにアイデンティティをおくパレーデスにとって、占領軍の一員とはいえ、アメリカに完全に同化した視線で記事を書くことを許さなかったのである。このような日本での経験は、その後の研究、小説、詩作に幅広く生かされている。パレーデスがアメリカに戻ってからまもなく著した研究書『ピストルを手に構えて』は、いまではチカーノたちのバイブルのような位置づけにある本だが、冒頭のサンタ・アナを論じる部分で日本での経験を活かした記述が見られる[35]。小説にも詩にも日本の記述は多数見ることができる。

パレーデスはまた「スターズ・アンド・ストライプス」の政治部担当編集者として東京裁判の最初の数カ月を取材し、一九四六年の春には東条英機にインタビューをする機会を得た。大川周明が東条英機の頭をたたいた有名な場面[36]を彼は最前列で目撃し、大川のことをその他の大手新聞社に先駆けて記事にしている。その後、軍隊から離れたあとも極東に残ることに決め、アメリカ赤十字で働いた。「一九四七年一〇月一三日、私の人生は劇的に変化した」。アメリカ赤十字の銀座オフィスで生涯の伴侶となるアメリアと出会った日だった。一カ月後の一一月一三日に婚約し、一九四八年五月二八日に結婚した。彼女の結婚前の名前はナガミネで、父親のナオヤ・ナガミネが士族出身の外交官だったため、アルゼンチン、チリ、メキシコで彼女は育った。ナオヤは一九二〇年代から三〇年代にかけてラテンアメリカの領事館に赴任し、アメリアは父親がアルゼンチンにいるときに生まれたが、ウルグアイ人の母親が母国に戻って出産したために国籍はウルグアイだった。したがって、アメリアは小さいときから日本語とスペイン語のなかで育ち、一九三〇年に父親が米墨国境のメヒカリに赴任したときには英語を学んだ。パレーデスはアメリカ赤十字の銀座オフィスでの出来事を「日本人がスペイン語を話していることに興味を惹かれた」と回想している。彼らは一九五〇年七月一三日に日本を出国し、そのちょうど一年後に長男のアランが生まれた[37]。

パレーデスの短編小説集に収録されている一七編のうちの半数は日本を題材にしている。そのなかの「イチロー・キクチ」[38]はアメリアと同じように父親が日本人（ケイゴ・キクチ）の設定で、母親はメキシコ人（マリア・デ・ロス・アンヘレス・ベルムデス・デ・キクチ）である。イチローは父親には秘密で母親からの勧めで洗礼を受け、洗礼名はファン・グアダルーペ、「ファン」は母親の生まれた街の「サン・ファン」からとられ、「グアダルーペ」はメキシコの褐色の聖母「グアダルーペの聖母」からとられた。日本語は漢字が苦手で習得することができていない。しかし父は、チリから来た船に乗って家族三人で横浜へと向かうことを勝手に決める。まだ日米間に戦争が勃発する前だったが、彼らが到着すると同時に真珠湾攻撃が起こった。その三年後にイチローは徴兵されフィリピンに配属され、そこで親友となったのはノブオ・ヨコヤマだった。二人はある日アメリカ軍に捕らえられるが、イチローの「グアダルーペの聖母」のメダルを目にとめたメキシコ系アメリカ人のメルギーソという名の軍人はイチローだけを逃がし、その後の一斉射撃によってノブオは殺された。

つまり、「グアダルーペの聖母」は国境を越えた「グレーター・メキシコ」を象徴していたのである。「薄墨色の境界線」は実際の土地である必要はなかった。太平洋を挟んだチカーノと日本人を、戦争というグローバリゼーションのなかで並行して思考し、その成果を詩や小説やコリード研究に昇華させていったパレーデスは、「薄墨色の境界線」をいかに表現するかに着目していたと言えるだろう。

大西洋を黒人の視点から新しく書き直した『ブラック・アトランティック』の著者であるポール・ギルロイは「船」に着目していた。それはおそらく、実際に大西洋を横断する船であるとともに、想像力を喚起する船の「働き」でもある。「アフリカ人のディアスポラを経由して近代性を再考する、という私の試みで前提とされる新しい時空的位置（クロノトープ）のなかでも、船は何をおいても第一のものなのである[39]」と述べている。また、フーコーも「混在郷（エテロトピ）」の理想は「船」だとしている。

＊
＊
＊

もしも船が、漂う空間の切れ端であり、場所なき場所であり、それ自身で存続し、それ自身で閉じていると同時に無限の海に委ねられ、港から港へ、ひとつの航海からもうひとつの航海へ、ひとつの閉じた家からもうひとつの閉じた家へと渡り歩いて、すばらしい富が眠っている植民地を目指すことを考えるならば、なぜ船が、一六世紀以来現代に至るまで、われわれの文化にとって、経済発展のための道具のみならず、もっとも重要な想像力の貯蔵庫であったのかが理解されるであろう。船舶とは混在郷の最たるものである[40]。

バラク・オバマが選出されたアメリカ大統領選挙の年に、私は父親とともに横浜港に停泊している氷川丸を訪れた。一九四七年にパナマから帰国する際に乗船して以来だという父親はめずらしく饒舌だった。船内を回りながらさまざまな記憶が言葉に変換される。そのなかで、マンザーナに収容されていたと私が思っていた「祖母の姉」はじつは収容されておらず、それどころか、アリゾナに収容されていた「祖母」を何度か訪問していたことをはじめて知った。「祖母の姉」がなぜ収容されず、自由に国内を移動できたのかは結局わからなかった。父と父の兄と二人の妹は真珠湾攻撃が始まる直前に氷川丸で帰国した。その船には戦争を回避するための交渉をぎりぎりまで続けていた野村吉三郎大使も乗船していたことをはじめて知った。妹が野村大使に抱き上げられたことを鮮明に覚えているという。大使の帰国と同時に日米は開戦したので、船が到着したのはイチロー・キクチとほぼ同じタイミングだったのだろう。戦争中、アリゾナに収容された祖母は寒さから肺を病み、戦後に帰国したあと、静岡で若くして亡くなった。だから、私は父方の本当の「祖母」のことは何も知らず、「祖母の姉」のことをずっと「祖母」と呼んできたのだった。

なぜ父がパナマで生まれたのかも子どもの頃からの謎だった。思い切って尋ねてみると父は「パナマ運河でおやじ（私にとっては祖父）が〈スパイ活動〉をしていたからだ」とそっと耳打ちした。いまでは祖父母とも他界してしまい真相はわからない。ただ、世界中から船が集まる運河で「スパイ活動」をしていたという嘘か本当かわからない話を私はとても気に入っている。太平洋と大西洋の結節点であるパナマ運河を行き交う「船」は、いくつものキャンプを結合する想像力の源であると私には感じられるからである。

# V

# 近代化に抗するテクスト——アントニオ・ブルシアーガ

歴史の表舞台から隠蔽され続けてきた人びとをそのまま取り上げるだけでは、隠蔽の構図自体に影響を与えることはできない。それどころか、既存の構図を唯一の現実であるかのごとく追認するような形で研究を進めることは、むしろ害悪とさえなりうる。私たちに求められているのは、その堅牢なパラダイムに風穴を開けるような方法論と表現方法に着目することである。ここでは、明治時代の作家である泉鏡花による「国家言語以前の言語」、琉球の作家である崎山多美による「国家言語の周縁の言語」、そして、チカーノのブルシアーガらによる「国家言語が混淆した言語」などを通して、国家言語を相対化するための方法論と表現方法に焦点を当ててゆく。

まず、抽象的かつ簡略化された次元で他者の人種主義を告発することには意味がなく、自らの内に巣くっている人種主義と正対したことがある者ならば、他者を逡巡なしに告発することなどできないはずだ。たとえば、白人を除いた「多民族（多文化）」という発想自体が、私たちの人種ヒエラルキーを体現しており、「西洋」が作りだした構造から離れて人種を語ることの不可能性を示している。そのことを踏まえた上で「多民族（多文化）」という名のもとに、時間や空間を越えた民族間の交渉を行う必要がある。その折衝の場を私はここではボーダーランズと呼んだ。そこは人種や言語などの多元的な側面から国家原理を相対化するトポスである。

＊＊＊

公民権運動の時代に併行して進められたチカーノ・ムーブメントのなかで、メキシコ系の人びとが自らを「チカーノ」として「主体」を立ち上げたように、「多民族（多文化）」を「主体」として立ち上げる意義について考察を始めたい。つまり、黒人やアジア人やインディアンなどを個別に見るのではなく、「多民族（多文化）」という同一のカテゴリーのなかで語ることの意義についてである。それらを同じ地平から語ることによって明らかになる共通の問題意識を、ふたたび個別の研究にフィードバックさせることによって、公民権運動と同様の成果が上がるのではないか。しかし同時に、次のような問題が浮上することも予測できる。それは、多民族のあいだの共通の問題意識を発見する過程から、「多民族（多文化）」と白人のあいだに米墨国境のフェンスのような境界線が立ち現れることである。両者のあいだに敷設された「フェンス」という言い方はけっして比喩ではなく、米墨間の国境線がアメリカ人か否かの「認識上の境界線」と密接に結びついている。言説が作りだす「ゲイティッド・コミュニティーズ」がコト・デ・カザの堅牢な城壁とつながっていき、白人のコミュニティ内部での安全な生活を確保する一方で、それ以外の民族が外部で融合することなく併存する風景は、根本的な差別や不正の状況の改善にはつながらないだろう。

ここで重要なことは、多民族と白人との境界線の問題は、多民族内の各民族間の境界線の捉え方とも関連していることである。というのも、いずれの場合においても近代的な認識方法である「境界線の論理」によって思考を展開しているという点では同じだからだ。したがって、民族研究がとるべきアプローチは、それぞれの民族の領域を維持しつつ内部に抱えている問題意識の共通点をお互いに照合するというよりは、白人を含めた民族間の境界線とは異なるボーダーランズにおいて共有される問題意識に目を向けるべきである。排他的な人種の境界線を自明のものとして受け入れるかぎり、既存の構造を変えることはできない。欧米がかつて生みだした「人種」概念がその当初から抱えている恣意性を無批判に受け入れてしまっては、人種の違いを主要なファクターとする「抑圧の構造」をも許容することになってしまう。

近代的かつ排他的な境界線を人びとの区分に使用することによって、国家権力は社会を効率的に管理し統一できるようになった。とくに「移民国家」であり比較的短い歴史しかもたない「理念国家」アメリカにおいては境界線の論理は効果的に利用された。日系アメリカ人の強制収容所やインディアンのリザベーションキャンプに設けられた「柵」や、メキシコとアメリカのあいだの「フェンス」は他者を可視化して差別化する認識上の境界線でもある。その可視化された他者を通してアメリカは自らを反転させて可視化し統合することができるのである。しかし、すでに各種のキャンプは解体され、排他的な境界線に支配されないボーダーランズの領域が拡大しつつある現代において、他者は単純な人種のヒエラルキーのなかにおかれているわけではない。したがって、ある確固とした打ち倒すべき権力に向かって民族が団結して力を合わせられるような時代に、私たちはもはや生きていないと言える。そのことは、ミシェル・フーコーの「〈生権力〉論」を経たのちにアントニオ・ネグリらの「帝国概念」などを通して一般に知られるようになった。つまり、一八四八年のグアダルーペ・イダルゴ条約以来の抑圧された歴史を抱えるチカーノのルサンチマンは、境界線の論理が構築するパラダイム自体を変革しないかぎり、結局はその補完物にしかなり得ないのであり、「抑圧されている」と声高に叫ぶことが逆にこの構図を支えてしまうというパラドックスのなかにおかれているのである。境界線の論理とは異なるパラダイムを提示することによって初めて、暴力をともなうことなくアメリカ南西部の土地を自らの手に取り戻すことができるだろう。チカーノが西漸運動にともなう東からのフロンティアの侵略のなかで、サウスウエストにアストランという想像上の故郷を対抗的に据えることができたのは、欧米の「境界線の論理」を採用せずにすんだからである。

人種概念を再考するための契機として、ヒスパニックの存在と発言が大きな意味をもつのはこの点においてである。彼らは国家原理を支えているセンサス（人口調査）の理念を攪乱する。ベネディクト・アンダーソンが指摘したように[1]「人口調査」は「地図」「博物館」とともに国家原理を強化する主要な要素だからである。しかし「スペイン語やラテンアメリカにアイデンティティの源をもつ人びと」の後天的に可能なアイデンティティの構築は、先天的な要素を色濃くもつ人種とは異なる次元で行われる。言語や土地や生き方などにおいてアイデンティティ・ポリティクスを展開する彼らは人種の束縛とは無縁であり、その事実が従来の人種概念を必然的に攪乱させるのである。さらに、人種概念とそれを利用して既存の価値基準を守りたい人びとともに対立することになる。一方で、チカーノ作家のリチャード・ロドリゲスが称揚する「ブラウン」はいわばすべての人種を含めた「人種のボーダーランズ」なのであり、あらゆる人種は混血を繰り返すことによってブラウンに近づいていくように、すべての線分としての境界線は徐々に面積をともなう境域となると考えられる。注意すべきは、境域は国境地帯のような物理的な概念に限定されないから、あらゆる場面において顕現する認識上のトポスでもある。ボーダーランズは境界線が生みだした事後的なクレオール状況であるのに対して、境域は面積をもたないとされる線分上に想定されるトポスである。境界線による認識を再考するためのツールでもある。

アモルファスな状態を境界線で区切り、名前をつけ、理解するという方法ではなく、境界線に頼らずに理解する方法を考察していくにはどうすればいいのだろうか。たとえ、西洋からの借り物の言葉を使用してそれらをどのように並び替えようとも、近代的なパラダイム自体を変容することはできず、結局、サミュエル・ハンチントンが固執するように「分断」することでしか人びとの存在を把握できなくなってしまう(2)。そのような概念には「分断不可能で曖昧な」ブラウンが存在する場所は想定されていない。かつて「クレオール」という言葉がもたらした功績は、増加しつつある国籍や人種を超えた者同士の「混血」を単に注目させることにあったのではなく、純血よりも混血を常態として世界を捉え直すための発想の転換を促しているところにあった。「われわれは誰もが混血である」という発想の転換は、混血を有徴としない世界のあり方の可能性を私たちに提示して見せてくれたのである。当たり前のことではあるが、私たちは誰一人として同じ人間はいない。そう捉えることによって集団を形成するための基準は無数に広がり、絶対的な差別に虐げられているサバルタンは窮屈な網の目から救い出される。本来は限りなく多様な存在である人間を人種や民族という概念によって区切ってしまう方法が、差別や暴力を生みだす構造を下から支えているのである。

その構造を打破するためにはまず、複数のボーダーを「個人」のなかに抱え込んでしまったことから他者との接続を独自に模索してきた人びとが残したテクストに焦点を当て、彼らの力を借りながら来るべき共同性のあり方を模索することが有効であると考えられる。彼らにとっては、人種はもとより「日本人」や「メキシコ人」のような国家原理に基づく外部からの区分けはほとんど意味をもたない。なぜなら、国家原理は、個人が境界をまたいで存在することや複数内の境界線を内に抱えていることを想定していないからである。自らの内にある無数のボーダーに意識的であったからこそ獲得できたアイデンティティ獲得の方法は、私たち一人一人の単純なアイデンティティ把握の方法に再考を促すはずである。つまり、自分や他者に対して「外部から与えられた統一されたアイデンティティは何か」と問うのではなく「どのように複数のアイデンティティーズを自ら構成しているのか」と問う発想を彼らは教えてくれるのである。

＊＊＊

イギリスの社会学者ジェラード・デランティは来るべき世界における共同体を次のように述べていた。

ポストモダン・コミュニティは、日常生活の再魔術化のなかに見られるのであり、もはや社会の周縁に見出せるのではない。というのも、ポストモダンの社会では、周縁性はどこにでも存在するからである。ポストモダン・コミュニティはノマディックで、移動性が高く、情緒的で、コミュニカティヴである。(3)

境界線が作りだす網の目のなかで形成されるコミュニティではなくコミュニケーションを主軸としたコミュニティは、国民国家を経験する以前の人びとが居住していた共同体の性格を色濃く有している。そのような古くて新しいコミュニティを顕現させる「再魔術化」とは何かを模索するために、まず「翻訳」に焦点を当ててみたい。翻訳という作業が言語を分断し、国家と国家言語を生み翻訳は国家という体系が作りだしてきたという視点は、言葉や文学を多角的に捉え直す契機になると考えられるからだ。翻訳はある統一された言語からもうひとつの統一された言語へと変換するという認識上の越境行為のなかで行われるため、境界線が存在することを前提とせずには行い得ない。土地土地のうえで独自に発達してきた独自の言い回しを捨象して単純化し、言語を情報伝達手段として捉えないかぎり翻訳は成立しないのである。そして、ある国家言語はその他の国家言語との共犯関係のなかで同時に作りだされ、その過程で、自国民と異国民もまた作りだされる。そうやって、翻訳は世界をひとつのシステムへと誘うのである。たとえば、個人的なレベルでの対話や手紙などはお互いの誤解や聞き間違いや理解の欠如からくる曲解などが複雑に入り交じった行為であることをなかば前提としているのに対して、翻訳においてはなぜか私たちは誤訳と誤解を許容しようとしない。国家言語を構成するすべての単語は他の国家言語の単語との一対一対応の構造にあることを前提にしているかのようである。しかし、さまざまな文体と形式をもつ小説などの文学作品の効果から明らかなように、プロットや情報伝達だけがテクストの目的ではないのは明らかだろう。

たとえば、明治期の作家である泉鏡花は「自分の作品は翻訳することはできない」と生前述べており、翻訳が必然的にもたらしてしまう単純化に対して意識的であった。鏡花の文章の読みにくさは、西表島出身で標準語から離れた言葉を多用する崎山多美の文章の読みにくさと通底している。つまり「前近代から近代へのはざま」「周縁から中心へのはざま」「近代から脱近代へのはざま」のボーダーランズに立ち止まり、近代や中心へと安易に回収されることを忌避する作家たちの姿勢は、国家原理とは異なる独自の空間や時間におかれた多民族の作家の方法論とも接続していくのである。鏡花の具体的な実践はたとえば、ルビと漢字の読みのずれによる意味の重層性（「先刻《さつき》体を洗ひましたので草臥《くたびれ》もすつかり復《なお》りました」（『高野聖』））や、文字の形態が作り出す実験的とも呼べるような視覚的効果（「○《まる》い顔にして、□《しかく》い胴にして△《さんかく》に坐つて居る」（『春昼後刻』））、あるいは声に出して読んだときのリズムがもたらす聴覚的効果などをあげることができる。これらの言葉自体に込められた多義性は、翻訳によっては単純化され薄っぺらなものとなってしまう可能性がある。つまり、鏡花にとっての言葉の多義性とは、事物と言葉のあいだを媒介する際に生まれるボーダーランズのことでもある。鏡花独自の感覚によって捉えられた事物が、言葉という織物に仕立て上げられていく過程において生まれる創造的な多義性のことだと言ってもいい。それは、無数に現れる植物や動物の名前、色彩に対するこだわり、地名や家紋や歌舞伎用語から髷や縮緬の種類など、事物に対する鏡花の多彩な捉え方にも表れている。

『複製技術時代における芸術作品』のなかでベンヤミンは、「一九九〇年頃に技術的複製はある水準に到達した」と書き、その後にこう記している。

歴史の広大な時空のなかでは、人間集団の存在様式が相対的に変化するのにともなって、人間の知覚のあり方もまた変化する。(4)

すでに『写真小史』において科学技術の発達のなかで失われてゆくアウラについて言及していたベンヤミンは、「市民風の上着や蝶ネクタイの皺のなかにまで巣くっていた[5]」アウラが、科学技術の発達と国家原理の浸透によって無機質で透明なものにすり替えられてゆくさまを観察していた。鏡花があえて髷の多様な種類（桃割、島田〔天神、つぶし、結綿〕、丸髷、銀杏返、櫛巻、馬の尻尾）の描写にまでこだわったのは、江戸時代への懐古趣味を満たすためだけではなかった。アウラは歴史の推移のなかで崩壊しかけていくときに初めて私たちの前に現れることを知り、「無機質で透明な」空間に支配される前のボーダーランズで「書く」ことの力を発見していたのだった。そのような鏡花が紡いだ文字は、言葉の複雑な多義性をはらみながら物語を構成し、そして誰かに伝えられていく。プロットの新しさを次々と求めていく近代的な小説ではなく、何度も反復される物語をこうして鏡花は一生書き続けた。物語の反復性が、作者の意図を越えて無限のずれやゆらぎを生み出すからこそ、翻訳という形式はなじまなかったのである。そしてまた、新奇さを求めずとも三〇〇余りの作品を書き残すことができたのだ。同様の物語を反復することによって、逆に差異を強調し浮上させることさえできる。その物語は前近代的で円環的な時間構造のなかにおかれ、差異を伴いながらくり返される物語の螺旋状のときは、人びとの意識のなかに共有される記憶という共同性を構成していく。その独自性が「鏡花世界」と呼ばれる所以である。

「ヒエロファニー（聖なるものの顕現）」という物語の反復が出会う始源的な状況を想定したミルチャ・エリアーデは「一定の規範的なわざを意識的にくり返すということは、ひとつの基本的な存在論を示す」と述べている。「歴史における〈一回起性〉と〈新しきこと〉とは、人間生活における最近の発見なのである」[6]と断じるエリアーデは、古代社会に特徴的であった「祖型の反復」に重要な意味を見いだしていた。いつか通ってきた出来事のくり返しではなく、新たに「歴史的出来事」を生み出してゆくことのできる意志を信じている近代人にとっては、くり返し回帰する神話世界の「集合体の記憶は、非歴史的」であり、したがって忌避すべきものとして理解されているようだ。崎山多美の『くりかえしがえし』はエリアーデのこの作品とモチーフを共有している。

崎山多美の作品が鏡花と同様の問題意識を共有しているのはそれだけではない。「お化け物語」を得意とした鏡花と同時代を生きた柳田国男が分析してきたような、境界線の向こう側に存在する者がたびたび登場するのである。生まれながらにして国家のなかに生まれ落ち、均質で安定した集団のなかで硬直化した考えしかできない私たちを彼らは相対化してくれるのである。柳田は混沌とした自然界に引かれた境界線の向こう側を見ようとし、近代的な視点には収まり切らない存在をつねに関心の対象としていた。しかし、排除された妖怪や山人などの異人たちもまた、私たちを映し出す鏡である。つまり、境界線を引こうとする近代的な力とそれに抵抗しようとする者のあいだのボーダーランズに柳田は斬り込んだと言えるだろう。

吉本隆明は柳田国男論を始めるにあたって、柳田の「体液のような文体」について触れる。近代的な「外視鏡」の視点の読みやすさに慣れてしまった私たちには、体液の流れに沿った「内視鏡」によって眺められる風景とのあいだに「空隙」を作ってしまったと吉本は述べ、さらに次のように書く。

この「空隙」はほっておけば、ながい歳月のうちにひとりでに消滅するにちがいない（……）柳田国男の方法と文体とは、この「空隙」をほっておかずに「いまこのとき」から充たそうとするモチーフからはじまっている。(7)

この「空隙」がボーダーランズであり、ボーダーランズに立つ者には「いま」見える景観は物理的には同一であっても従来のものとは異なって見えるのである。吉本は「（柳田は）景観が都城地や村里の共同の幻想や、幻覚や、習俗によって、本質的に差異化されてしか存在しないものだという認識にたどりつく(8)」とも書いていたが、一九世紀の南カリフォルニアにおいてヒスパニック世界を文章の力で作り上げたヘレン・ハント・ジャクソンの『ラモーナ(9)』がもたらした認識と景観の変容と同じことが行われていると言ってもいいだろう。南カリフォルニアは小説（言葉）の力によってヒスパニックの原風景へと変容したのである。

柳田は異なる風景を想像力のなかに措定できない国家の均質で透明な空間を生理的に忌避していたきらいがある。第二次世界大戦が終わる直前に書かれ、直後に出版された『先祖の話』（昭和二一年）では、多様な共同性に住まう個が分断されて国家に吸収されることに対する嫌悪感が述べられていた。人は亡くなってある程度の年月が立てば個性を消失し、同じ共同性をともにした先祖の霊体のもとへと帰ってゆくのに、国家はそれを無理に引き寄せようとしていると彼は考えたのである。個が強調されることによって逆に浮かばれずに迷える個が生み出され、そして国家によるその収容の正当性が保証されることになった。しかし、個は単独の個としては国家のなかで主体性を維持していくことはできないと考えていたために、柳田の関心は必然的に国家とは異なる共同性へと向けられるのである。そのなかには沖縄も含まれていた。

崎山の「ゆらてぃく　ゆりてぃく」(10)の舞台である保多良ジマでは死者の身体はそのまま海に流されるが、体重の軽い女や子どもや病人は島の北の海岸に再び「ムザン」な姿で戻ってくる。そこを島の人びとは「ニライパマ」と呼んでいる。身体ではなく「タマシイ」の方はどうかというと「保多良のヒトビトはヒトダマとなって永遠に水の中に漂うだけ」である。したがって「保多良周辺の海域はヒトダマが居場所を求めてひしめき、押しあいへしあいすることになった」。生きているあいだは人びとはタマシイはどこへ行けばいいのかと死後の世界について真剣に悩みながらも「生まれ落ちた場所を離れてしまってはとても生きてなどゆけぬ、とかたく信じこんでいる」のである。したがって、タマシイは人工的な国家に管理されることもなく、故郷と一体化し続ける。また、その共同体は外から押しつけられた権力や物語で繋ぎとめられているわけではない。そもそも、保多良には死者を繋縛するような「墓所というものがない」うえに「制度やしきたりにはひたすら疎い保多良的世間において、ヒトが死に際に残すイグンというものだけが、何よりも先に保多良ビトの墨守せねばならぬ生きる法であった」。死者との関係のなかで共同性が維持されるとともに、それを媒介するものが死者から残された言葉であったというのが重要なところである。しかも「記録というものをあえて採らない家の歴史は、オンナたちの曖昧かつ断片的かつ情緒的な記憶の声語りで綴る、それこそそこはかと頼りないものであった」。系図のような固定的な戸籍によって先祖を確認するのではなく、先祖は人びとの記憶のなかにつねに「いま」とともに生き続けるのである。

ここまでの引用だけでも明らかなように、崎山の作品にはカタカナ（ヒト、エジキ、ムザン、タマシイ）が多用される。それによって、漢字がもたらす視覚的効果に邪魔されることなく、言葉が孕んでいる音声のもつ豊かさを演出している。さらに、小説のなかにはウチナーグチはもちろんのこと、鏡花と同じようなふりがな（水《ミジ》ぬ踊《ウドウ》イんじ云《い》せー）、オノマトペ、嗅覚や触覚などの感覚的な表現、さらには異人の理解しがたい無意味な言葉などがふんだんに盛り込まれている。言葉は一人一人がそれぞれに培うものであり、また自分自身でさえも自分の言葉をコントロールすることはできず、ましてや国家言語へとすべてが収束されることなどあり得ないという認識に作者は立っているようである。崎山は「自分のなかのわけがわからない言語を日本語に侵入させて〈爆弾〉にしようという欲望は捨てきれない」とあるところで語っている。「私」と他者とのあいだに横たわる言葉のボーダーランズには、万人に同じように理解されるのっぺりとした言葉は存在しないのである。

明治時代以降、人間の複雑な感情を反映した微細な違いをも含みもった言葉はならされ「ほとんど全国一帯を通じて、わずかな決まり文句ばかりがうるさく流行」（柳田『国語の将来』）しているという指摘は、現在においてますます顕著な状況となっているのではないだろうか。言語が共同体のなかで属性としてもっている不完全さと過剰さについて崎山は十分に意識的であった。そのような認識のもとでは、虚構としてのくくりである「日本文学」の下部構造である「沖縄文学」も存在しない。沖縄を実体化して本土と対立させる構造が国家原理を下支えしてしまう関係は、チカーノのルサンチマンと同じ構図である。境界線によってすでに引かれてしまっている階層のなかで自らの「取り分」を主張しても根本的な解決にはつながらず、「沖縄文学」と宮古文学や八重山文学との関係へと再び転化されることにしかならない。「沖縄文学というくくりそのものの窮屈さや嘘っぽさ」があり、それゆえ「沖縄文学があるかというと、私は〈ない〉と言いたい」と語る崎山多美の作りだす文学は、多民族による文学が進むべきもうひとつのボーダーランズを提示していると言えるだろう。ボーダーランズにおいてはあらゆる境界線の境域を重視するからである。

＊＊＊

米墨戦争後の一八四八年に国境線が南へと移動することによって、プロト・チカーノは土地とアイデンティティのあいだに亀裂を生み、アメリカとメキシコ両国からの疎外感を複雑に抱え込むことになった。民族的にも宗教的にも言語的にもあいいれない両国のはざまにおかれたチカーノは、独自の視点を獲得することを迫られるようになったのである。そして、さまざまな要素において重層的なボーダーランズの住人であるチカーノは「帝国」としてのアメリカの傍らで、ポスト国民国家の時代を見据えながら注目すべき思想を鍛え上げていった。もちろん、チカーノと同じようにダブルバインドな痛みをともないながらボーダーランズの住人になるかどうかは私たち自身の問題でもある。私があえて日本の作家を取り入れた理由はそこにあった。たとえば、伝統的な共同体を出ることによって個人の内部に乖離や疎外を生むという経験が日本で顕在化したのは、鏡花が活躍した明治時代以降のことであった。国民国家の形成期と通信機器や交通機関の発達があいまって人びとは都市に向かって移動を始めたのである。そのような状況のなかで、文学もまた多様な表現方法と問題意識のなかにおかれ、作家たちはいまからは想像もできないほどの多様な文体を駆使して表現活動を行った。

しかし、鏡花の問題意識を徐々に忘却の彼方へと追いやってしまった国家原理からもわかるように、私たちは豊かな過去やボーダーランズを語るための多くの言葉をすでに失ってしまったことも確かである。さらにまた、国家原理が首都や都市を中心にして国家の構造を考えるかぎり、地理的に周縁に位置づけられた人びとは国家からの乖離や疎外を担い続けなければならなかった。その際に、沖縄をまたひとつの中心として対抗的に差別や不正と闘い続けるのもひとつの取るべき道かもしれないが、チカーノが国家原理の枠組みを超えて自らの影響力を主張しているのを見れば、それはもはや根本的な解決にはつながらないことがわかる。沖縄に住みながらあえて「内部批評」を続ける作家である崎山多美はそのことにきわめて意識的であるという点において反近代的な作家であると言えよう。

　以上の論点をさらに明らかにするために、ボーダーランズの代表的な住人であるチカーノの実践と論理を概観したい。アメリカ国家が建国期からの物語や偉人や国旗のようなシンボルを必要としたように、チカーノもまた伝説や英雄や偶像を利用して共同性を構築してきた。人びとの共同性は反復に耐えうるアストランの「伝説」や、歴史上に現れたホアキン・ムリエータなどの数々の「英雄」や、メキシコに起源をもつグアダルーペの聖母のような「偶像」を求めるという点では共通している。しかし、アメリカが新大陸に刻まれた歴史の堆積を看取できずに、西漸運動を正当化するスローガンである「マニフェスト・デスティニー（明白なる運命）」のような理念を捏造して共同性を構築しようとしたのに対して、チカーノはアメリカスに歴史的な結びつきをもつことのできる感性を持ち合わせていた。アメリカという「他者」の土地に堆積している地層の奥深くに自らと関係する物語や英雄を見つけ出すような歴史感覚はメキシコに由来するものである。「死者の日」を最大の祭りとするようなメキシコ人は、個体を非人称の連続体のなかへと解体していくことを知っていた。そのような感覚を通すことによって、伝説や英雄や偶像は時空間を越えて人びとを結びつけるのである。死者を思い死者から思われるその気持ちのなかに共同性は維持され、堆積した時間からあらゆるものを「いま」に召喚し意識の上にのせる精神構造が培われた。空間に境界線を引いて所有権を訴え、時間に境界線を引いて過去を切り離すような思考方法は、メキシコとは無縁である。哲学者の植村恒一郎は和辻哲郎文化賞を受賞した著作のなかで次のように述べている。

「歴史」とは「死者の声」である。「死者の声」は我々にとって、同時代の生者の声に劣らない重要性と豊かさをもっている。「死者の声」が因果的に我々のところまで届くことが、歴史の基本である。[11]

いまは亡き人びとの声をどのように聞き取るかが、歴史に対峙する姿勢においてアメリカ人とメキシコ人を分ける決定的な分水嶺となっているのである。たとえば、一九七三年にUCLAバークレー校で創刊されたチカーノによる最初の文芸誌の名前は「ラ・カラベラ・チカーナ（チカーノの頭蓋骨）」だった。メキシコ革命の時期に活躍した風刺画家であるホセ・グアダルーペ・ポサーダの影響下にあるこの雑誌のタイトルと装幀は、チカーノがメキシコ人の死の観念と強くつながっていることを示している。アグアスカリエンテス出身のポサーダは、シケイロスやオロスコに先駆けてチカーノ・アートにもっとも大きな影響を与えた人物の一人であり「死者の日」に欠かせない骸骨人形のイメージを作りだした人物でもある。チカーノは、さらに言えば、国境線の北側に位置するためにメキシコ人よりも強くボーダーを意識する立場におかれている。南から北への越境の過程でメキシコ人は「チカーノ」となる前にさまざまな理由で国境地帯で死に曝される。無事に越境を果たしたチカーノにとっては「ボーダーは生と死の象徴と捉えられた[12]」のである。ボーダーによって死の感覚はさらに深く彼らの心に植えつけられたと言えるだろう。

人びとは死者の残した想念を媒介にして、伝説や物語、日記や自伝、または口承文学やコリードなどが作りだす世界に出入りして共同性を築き上げ、その世界に向かって時間や空間を越えて参加する。実際には、作者が書き残した文章の内容とその作者の思想は書き終えた時点から乖離していくのだが、残された痕跡を中心にしても共同性は形成された。近代的な発想では文章と個人は一体のものとして結びつけられオーソライズされるのに対して、前近代の人びとは個人を特権化することなく痕跡にも意義を認めることができたのである。つまり、死は非人称の共同性の一部なのであり、死者は人びとのなかに生きているのである。このような死を媒介にした共同性と比較するならば、歴史の堆積を感じさせない国家言語を利用した国民国家は大きな吸引力を持ち得ない。アメリカにおける国家言語の束縛のなかにあって、チカーノの作家であるアントニオ・ブルシアーガが国家言語に抗するようにして、英語（アメリカ）とスペイン語（メキシコ）とナワトル語（インディアン）とカロ（チカーノによる混成言語）を用いて書いた詩は、チカーノのアイデンティティを文字によって表現しようとする最良の例のひとつである。多様な言語を同一平面上に使用することによって、チカーノの身体にさまざまな時空間が横切っていることを示しているのである。

**Poema en tres idiomas y calo**

Espanotli titlan Englishic/ titlan nahuatl titlan Calo/ !Que locotl!/ Mi mente spirals al mixtli/ busti suave

I feel cuatro lenguas in mi boca/ Coltic Suenos temostli/ Y siento una xochitl brotar/ from four difentes vidas.

I yotl dis tictamentli recuerdot/ cuandotl I yotl was a maya/ cuan dotl, I yotl was a gachupinchi,/ when Cortes se cogio a mi great tatarabuela/ cuandotl andaba en Pachucatlan.

I yotl recordotl el tonatiuh/ en mi boca cochi/ cihuatl, nahuatl/ teocalli, my mouth/ mica por el English/ e hiriendo mi espanol,/ ahora cojo ando en calo/ pero no hay pedo/ porque todo se vale,/ con o sin safos.(13)

## 三言語とカロによる詩

英語に紛れ込むスペイン語／ナワトル語のなかの、カロのなかのスペイン語／なんてことだ！／私の心は雲へと螺旋状に上っていく／私の口はなめらかに四つの言語を紡ぎ出す／ゆがんだ夢はついえ／四つの別々の生活では新しいつぼみの予感。

私ははっきりと覚えている／マヤ人だったときのこと／スペイン人だったときのこと／コルテスが私の偉大な祖母を蹂躙したこと／南西部を歩き回っていたことも。

私は太陽を覚えている／私の口のなかで眠っているのを／女、ナワトル語／神殿としての私の言語は／英語によって殺された／そして、私のスペイン語を傷つけた／いま私はぼろぼろにされたスペイン語の道を／足を引きずりながら歩いている／けれどもなんの問題もない／すべてがうまくいっている／無事であろうとなかろうと。

ベンヤミンは翻訳に関して次のように述べていた。「自身の言語のなかのこだまが他言語の作品のこだまとそのつど重なってゆけるような唯一無二の場所を見いだし、その場所にあって、翻訳は原作を呼び込むのである[14]」。チカーノの多言語な詩からの翻訳は、通常の翻訳以上にさらに豊穣な「こだま」となって痩せ細った「日本語」に反響するように感じられる。そして「純粋言語」は究極のチカーノ詩において実現されるのではないかとさえ夢想してしまうほどである。チカーノの詩人であり批評家でもあるアルフレッド・アルテアーガは、エリオットやパウンドが他言語を引用することで詩の効果を高めているのとは異なり、ブルシアーガの詩はチカーノの言説そのものであり、ボーダーランズの現実を映し出していると述べている。さらにまた「チカーノのアイデンティティは、国家による単純で絶対的な決定権に抗するようにして構成されている。ボーダーランズでチカーノであるということは、国家、文化、言語、人種、民族などの同時に並び立たない定義のあいだから自分自身を形成することなのである[15]」と書いた。それはつまり、国民国家における苛烈な経験を通過したチカーノは、それらの要素をまったく無視して原初的な言語を追い求めているわけではないことをも示唆している。ポストコロニアルに生きる私たちはすでに、人種や言語、時間や空間などのあいだの境界線をまったく意識せずに生きていくことはできないでいる。だからこそ、ボーダーランズは国民国家を経験したあとにしか知覚できないトポスであるとも言える。そのような視点に立てば、アメリカ在住のユダヤ系メキシコ人であるイラン・スタバンスが、英語とスペイン語の混成言語であるスパングリッシュを使ってセルバンテスの『ドン・キホーテ』を書いた試みの意義は小さくない。つまり、それが「人工の言語」であるからといって批判するのは適当ではないということである。国家言語をすでに身体化してしまった私たちは、国家言語が成立する以前の言語に立ち戻ることはもはやできず、スペイン語と英語のはざまのスパングリッシュやエスパングレスこそが国家言語を戦略的に脱構築する。国家言語を人工的に掛け合わせることによってやがてそれぞれの要素が微分化され融合していくとスタバンスは考えているようである。

> In un placete de La Mancha of which nombre no quiero remembrearme, vivia, not so long ago, uno de esos gentlemen who always tienen una lanza in tha rack, una buckler antigua, a skinny caballo y un greyhound para el chase.[16]

それほど昔のことではない、その名は思い出せないが、ラ・マンチャ地方のある村に、槍掛

けに槍を掛け、古びた盾を飾り、やせ馬と足の速い猟犬をそろえた型どおりの郷士が住んでいた。(17)

泉鏡花による「国家言語以前の言語」や崎山多美による「国家言語の周縁の言語」、そしてブルシアーガやスタバンスによる「国家言語が混淆した言語」などを通して、おもに言語のボーダーランズを中心に論じてきた。最後に指摘しておきたいのは、私たちは国民国家の形成過程のなかで「自分にとって理解不能な存在や言語への耐性」を著しく失ってしまったのではないかということだ。そもそも誰にとっても「正しい」存在や言語などはあり得ず、一人一人が異なるようにそれに応じた多様な言い回しを私たちは使用してきたはずである。国民国家に抗する共同性は人間というものの理解しがたさを感知するとともに許容し、社会は意味の豊穣さを受け入れ「理解不能な存在や言語」を温かく迎えてきたのだった。意味の多様性を反映した「表現における冒険」は、国民文学に抗して「ボーダーランズの文学」と呼べるような新たな枠組みを提示しつつある。それらはおそらく、私たちに来たるべきもうひとつの現実を見せてくれるであろう。

# VI　境界線の再魔術化——ギリェルモ・ゴメス＝ペーニャ

カリフォルニア大学ロサンゼルス校（UCLA）の「チカーノ・スタディーズ研究所」から「アストラン」という名前の研究報告書が年二回出版されている。「アストラン」とはアメリカ南西部にあるとされるチカーノの精神的故郷の名称である。その二〇〇六年秋号(1)に、同校の社会学の教授であるエドワード・テレスが「メキシコ系アメリカ人とアメリカ国家――ハンチントン教授への返答」というタイトルの論文を寄稿している。ハーバード大学教授のハンチントンが一貫して主張しているアメリカにおける「同化」という名の「WASP的な伝統の押しつけ」に対するチカーノからの反論である。そして、テレスの文章のすぐあとには、ロサウラ・サンチェスとベアトリカ・ピタの共作による『ラティーノ・ブロック』というタイトルの文章が載せられ、これもまた、ハンチントンの主張に抗するようにして、アントニオ・ネグリとマイケル・ハートの「帝国」概念に影響を受けながら、マルチチュードのひとつのモデルとしてのラティーノの実践を模索している。

マルチチュードとラティーノはどのように接続してゆくのだろうか。たとえば、ひとつの視点として、ネグリとハートの「戦争」についての文章を見てみよう。彼らは『マルチチュード』で次のように書いている。

戦争は空間的にも時間的にも不確定なものとなった。国民国家を相手にした旧来の戦争は(……)空間的に明確に限定されており、降伏や勝利、あるいは当事国間の停戦協定によって終結するのが一般的だった。これに対して、ある概念や一連の慣習・実践を相手にした戦争は、いくらか宗教戦争にも似て、明確な空間的・時間的な境界をもたない。こうした戦争は、いつどこに拡大し、どのくらいの期間続くのかまったくわからない。(2)

アメリカにおけるラティーノの異議申し立てとその実践を、アングロとラティーノのあいだの時空間の認識の相違という視点から捉え直すことの意義について考えてみたい。

また、同じ号の『アストラン』の巻頭言には、編集長のチョン・ノリエガが「ブラウン・スタディーズ、あるいは語法的な間違い」というエッセイを寄稿していて、これは一六世紀から連綿と続く「ブラウン研究」を歴史的にたどりながら、さらに、ブラウンという色に付随する多彩な意味合いを探り、最後は、エスニック集団の名称と現実が一致しないことの難しさについて述べている。

これを読むと、ブラウンとは不思議な色だと考えさせられるとともに、集団に付与される名称や人種概念に政治的な意図が介在している理不尽さについても気づかせてくれる。チカーノは公民権運動の時代に「ブロンズ」という色を選び出して民族主義的な主張を掲げた時期があったが、ノリエガが「ブラウン」という色に焦点を当てた理由は、チカーノ作家のリチャード・ロドリゲスが二〇〇二年に『ブラウン』(3)という名前の書物を出版して話題となり、さらに、その第二章のタイトルが「ブラウン研究において」であったことと関連している。ラティーノにおける人種や混血性に焦点を当てることで浮上するアメリカにおける境界線の相対化と無化についても考えてみたい。

ハンチントンやネグリらが俎上に載せる境界線に関わる問題群とともに、リチャード・ロドリゲスらが提示する人種的な側面からのアプローチなど、世界中の血の坩堝とも言えるラティーノをめぐるいくつもの概念を手がかりにしてアメリカを相対化し、来るべきコミュニティのあり方を考察するのがこの論考の目的である。

＊＊＊

インディアンがベーリング海峡を渡って「新大陸」へと到着して以来、大西洋や太平洋の海洋や南からの陸地を渡って移住してきた人びとによって、アメリカの歴史は積み重ねられてきた。先住者（「先住民」ではない）によって築き上げられた歴史は過去へと送り込まれ、新たな歴史がそのたびに構築されてきたという点では、アメリカの歴史は「塗り替えられてきた」という表現の方がふさわしいかもしれない。起源へと遡及するアイデンティティをアメリカ以外の土地に求める移民にとっては「アメリカとは何か」という問いはつねについて回る。そういう意味では、アメリカは特異な性格をともなった国家である、と言えるだろう。

二〇世紀を代表する批評家の一人であるエドマンド・ウィルソンが「アメリカ合衆国は、英国やフランスが国家であるという意味では、国家ではない。それは、いまなお多少とも実験状態にある社会、ないしは政治組織である。ゆえに、われわれは独自のさまざまなパニックにおびえてきた[4]」と述べたことも、旧大陸とは異なるアイデンティティを模索する移民国家アメリカの問題意識と通底している。移民を受け入れるという行為自体を、アメリカの相対化の連続と捉えることもできる。しかしウィルソンは、移民がもたらす相対化とパニックについて述べたすぐあとで、アメリカが外部から訪れる移民を受け入れてきただけではなく、テキサス、カリフォルニア、メキシコ、キューバ、プエルトリコを「侵略行為」によって攻撃し獲得したことにも触れている。彼はそのような侵略行為に対しては「正義の糾弾と人道的動機によって正当化されたが、ただ倫理問題からだけなら、これらの挑発行為のどれひとつとして戦争をするほどのことではなかっただろう[5]」と断言している。世界中からの移民を受け入れる寛容な「移民国家」というイメージとともに、アメリカは帝国主義的な領土拡張に対する「本能的欲望」をも抱えていることにウィルソンは注意を喚起しているのである。あるいは、移民を受け入れることから生まれる「パニック」と侵略行為は密接に結びついているのかもしれない。

ネグリやハートらと歩みをともにしてきたパオロ・ヴィルノはカントやハイデガーを引用しつつ、「怖れ」は「共同体における生活形式とコミュニケーション形式の内部」に位置し、反対に「不安」は「人びとが、帰属共同体や、共有された諸ハビトゥスや、所謂〈言語ゲーム〉といったものから離れ、広大な世界へと足を踏み入れるとき」[6]に生まれると説明し、マルチチュード概念はそのような「怖れ」と「不安」の分離の終焉に基づいている、と語っている。共同体の境界線が不安定なときに怖れと不安は重なり合い「パニック」を生み出す。アメリカ史を概観すれば、「国内」を次々に統一（united）していった西漸運動はすでに先住民に対する「侵略行為」だったのであり、フロンティアはアングロ＝プロテスタント的なものを強制する装置だったことにすぐに気づかされる[7]。アメリカ史を侵略された側からあらためて眺め、内部と外部を相対化する契機としてラティーノの存在は位置づけられる。

「移民国家アメリカ」とともに「侵略国家アメリカ」の側面にも焦点を当てることがアメリカを相対化する際にまず考えられなければならない。つまり、新しい移民の来訪がアメリカを絶えず相対化してきたという事実とともに、そのような移民が塗り替えてきたアメリカの歴史と、アメリカ自身が外部に対して働きかけ塗り替えてきた歴史との相対化を念頭におくということである。移民国家と侵略国家の両側面は融合したり交差したりしながらも、支配的な言説を弄する者たちに巧みに使い分けされているからである。たとえば、膨大な研究の蓄積がすでに残されている「内戦」としての南北戦争と比較したとき、その数年前に勃発した膨張主義に基づくメキシコへの「侵略戦争」である米墨戦争はこれまで十分に取り上げられているとは言えない。それは、この戦争がアメリカの正史の流れに含まれず、あるいは、都合の悪いものとして意図的に排除されてきたからではないだろうか。(8)

言うまでもなく、いかなる国家であっても現在の体制に向かってまっすぐに歴史は進んできた訳ではなく、隠蔽され排除された歴史を抱えている。しかし、複数の人種や民族や宗教がどこよりも混在するアメリカにとって、現在の支配的な理念と相容れないという理由で看過されてきた歴史を併置することの意義は大きい。まず、アメリカ国内に埋もれている重層的な時空間を発掘し、相対化するべきいくつもの基準を再び取り戻す作業から始められるべきだろう。ヨーロッパの移民たちが先住民の土地を奪いながら彼らの歴史を過去へと送り込む一方で、後発の移民に対しては「ヨーロッパ移民のやり方に同化しようとしない」と不満を述べるような考え方には安易に与することができない、ということである。

私がここで中心に取り上げているラティーノは、アメリカが「侵略行為」を行使した国々や地域にアイデンティティの源をもつ人びとであることをあらためて指摘しておきたい。ラティーノの三大集団は「メキシコ」系、「プエルトリコ」系、「キューバ」系であり、加えて、テキサスとカリフォルニアはアメリカが帝国主義的な侵略行為を行う以前はメキシコ領に属していたことも折に触れて想起する必要がある。また、北アメリカの大地に足を踏み入れた最初期のヨーロッパ人は、スペイン語を操る人びとであった。多くは一攫千金を夢見る探検家や布教に殉じた宣教師であったとはいえ、彼らの残した文章もまたアメリカ史を彩る重要な一部であった。このようなインディアンとスペイン人の末裔であるメキシコ系アメリカ人が残してきた記述は、アメリカ文学史においてもっとも古く、かつ厚みをもったものでありながらアメリカ文学史に大きく紙幅を割かれることはない。

たとえば、彼らの文学史をスペイン人の探検家アルバール・ヌニェス・カベサ・デ・バカの時代から始めることも可能である。[10] 探検の途上で船が難破し、いまのテキサス州に漂着したカベサ・デ・バカは、一五三七年までの八年間にわたりテキサス、ニューメキシコ、アリゾナの放浪を余儀なくされた。そのときの行程の記録[11]には、コンラッドの『闇の奥』と比較されるような、インディアンとヨーロッパ人の接触と領有に関する興味深い視点が多く含まれている。「文明とは何か」という問いの渦中に立たされたカベサ・デ・バカの記述は、歴史叙述と小説の相対化、征服と受容の相対化、また現在にまで至る「文明と野蛮」が孕む問題に新鮮な視線を投げかけている。いずれにしても、アメリカの正史を相対化する際に浮上する、ラティーノの数世紀にわたる膨大な足跡としての歴史をも見ていく必要がある。[12]

＊＊＊

新たな移民を相対化し新陳代謝を繰り返すことによって、アメリカはそのたびに社会状況を変容させてきた。その遂行的な行為自体に「アメリカとは何か」の本質が隠されている。数々の移民を迎えたアメリカにおいて、自らの存在を主張するエスニック間の最大の折衝は、存在自体の主張と権利の獲得であるとともに、その正当性を付与する「歴史」を巡る攻防におかれなければならない。歴史的な記述がしばしば異なる民族間で争いの源になるように、歴史の収奪こそが民族のアイデンティティの収奪になりかねないからである。しかし、アメリカ人の関心は新たに組み込まれる人びとがもたらす「アメリカン・ドリーム」と「パニック」（ウィルソン）に満ちた「現在」と「未来」に集中し、それぞれのエスニック集団の「過去」は継続性をもって均等な視点で組み込まれなかったばかりでなく、争点にさえなりにくかった。むしろ、強力な「同化」を強制する力はマイノリティに独自の歴史を捨て去るよう働く。フランスの思想家であるジャン・ボードリヤールはこのようなアメリカの特殊性を見抜き「時間の原始蓄積を経験しなかったがゆえに、アメリカは無窮の現在性のうちに生きている[13]」と述べた。アメリカが重層的な歴史を現在のなかに活かすことができないでいることを指摘したという点では、メキシコの詩人かつ批評家でもあるオクタビオ・パスが、アメリカとメキシコの比較文化を論じた本のなかで「アメリカ人の歴史への無関心[14]」とメキシコの「せめぎあう、過去の複数性[15]」と述べたことも同様の問題意識のなかにある。

したがって、「いま」の権力構造の枠内でマイノリティが異議申し立てを行うことは、アメリカの強力な現在性に働きかけてしまい、支配的なパラダイムに組み込まれてしまうことにしかならない。一九六〇年代の公民権運動の時代に、不可視の存在でしかなかったメキシコ系アメリカ人をチカーノとして立ち上げたという点では大きな貢献をしたチカーノ・ムーブメントも、ポスト多文化主義の時代においてはすでに有効性を失いつつある。[16] あるいは、アングロに抵抗した民間のヒーローであるホアキン・ムリエータやグレゴリオ・コルテスらを前面に出してチカーノが異議申し立てをすることは、ドイツの法学者であるカール・シュミットに言わせれば「私仇」[17]に過ぎず、敵を設定するための「公敵」を創出するまでのシステムを構築できなかったことが「運動」を完遂できなかったことの大きな原因であったかもしれない。しかし、時代は「友」と「敵」を厳格に分けるような時代ではなくなっていることも確かであり、個人的な感情を公的なものに昇華させるチカーノの戦い方が完全に無効になったわけではない。肝腎なことは、アングロの欲望を自らの欲望にそのままの形で置きかえてはならず、なぜなら、アメリカは既存のパラダイムのなかの果てしない相対化の連続によって主体性を維持してきたのであり、その相対化は彼らにとって都合のよいパラダイムを強化することにつながるからである。

アングロが獲得した相対的な優位の歴史は、一七七六年の独立時におけるイギリスへの「異議申し立て」にまでさかのぼることができる。その際に打ち立てられた「理念」は、一八四六年に米墨戦争を引き起こした精神的なスローガンである「マニフェスト・デスティニー」や、現代のイラク戦争にまで色濃く影響を及ぼしている「ピューリタニズム」に集約できるかもしれない。当時、理念以外にまとまる術をもたなかったアメリカにおいて理念のもつ駆動力は絶大なものがあり、それを通してアメリカは積極的に他者を創造して相対化し、差異化する存在を作り出し続けることによって統合を保ってきた。その対称性を維持し続け「他者」を作り続けることがアメリカという国家を維持するための重要な作業であり続けてきたのである。つまり、アングロ・アメリカは「アメリカではないもの」を創出し続けることによって「アメリカとは何か」を国民に提示し続けてきたのだった。そのような行動規範に伏流しているのは「境界線の論理」[18]である。

先住民であるインディアンを囲い込んだリザベーションや、太平洋戦争中に敷設された日系人強制収容所を区画した「排他的な境界線」は、他者を可視化し向こう側へと追いやる機能をもち、そうすることによってアメリカとは何かを反転させるようにしてあぶり出してきた。相対化とは結局は、境界線の向こう側に比較対象をおくということなのであり、過去と現在が自由に行き来する流動的な時間や、他の場所とこの場所が行き交う流動的な空間のはざまの存在を想定することができない。混沌とした時空間に排他的で暴力的な線分を引き、すべてを二項対立の関係に単純化してしまうのである。このような種類の相対化を繰り返している限り「パニック」は終焉を迎えることはない。おもにロサンゼルスに住むアングロたちのゲットーとして機能している「ゲイティッド・コミュニティ（周囲をゲートとフェンスで囲ったコミュニティ）[19]」を取り囲む高い塀は、太平洋戦争中に敷設された日系人強制収容所の金網や、米墨国境のフェンスと同じ「境界線の論理」のもとに建設されている。それはラティーノたちの再征服（レコンキスタ）の結果というよりもむしろ、近代的な思考方法が隘路のなかでたどり着いた最終的な到達地のように見える。

そのような状況のなかで、独立宣言に署名をした一人の子孫であるサミュエル・ハンチントンは二〇〇四年の三／四月号の「フォーリン・ポリシー」誌に「ヒスパニックの挑戦[20]」というタイトルの文章を発表した。境界線の論理がいかにいまだにアメリカの知性に深く組み込まれているかを思い知らされるような内容をもつこのエッセイは、「レコンキスタ」を進行させているメキシコ系アメリカ人がアメリカ社会に「同化」しないことを何度も糾弾し、アングロ・アメリカにさらなる「パニック」を煽り立てようとしている。ハンチントンは次のように書く。「メキシコ人はメキシコ人以外のすべての移民よりも同化が遅れており、過去の波にのって訪れた移民と比べても遅い」。同化とはつまり「自分たちのルールに従え」ということであり、他方で、そのルールのあり方自体にラティーノは疑問を投げかけているのである。しかし、アメリカが一方的にアングロ以外の存在を有徴化して排除するような方法論はすでに有効性を失っている。アングロよりも古くからの住人の子孫であり、アングロによって侵略された人びとの子孫であるラティーノは「境界線の論理」とは異なる位相で文化を発信し、他のすべての人びとや集団とつながっていこうとする新しい政治学を模索している。それはある特定の人種や民族や宗教を排除するような政治学ではない。

＊＊＊

合理的共同体が絶対的な他者（ラティーノなど）の存在に気づき、そのような他者が構成している豊穣な共同体を認めるためにはどのような方法があるだろうか。合理的共同体は自らの基準によってしか他者を見ることができず、その基準のなかで他者を布置してしまうために、自らの拠って立つ土台を疑う契機をもちにくい。そのことを考えると、たとえば、チカーノのパフォーマンス・アーティストであるギリェルモ・ゴメス＝ペーニャが喚起するような人間の根源的な感情に訴えかけるような方法が有効であろう。人と人のあいだに横たわっている根源的な亀裂に気づくためには、人間が本来的に所有している感情としての「笑い」や「エロス」などを媒介とする必要がある。ゴメス＝ペーニャがパフォーマンスに積極的に笑いとエロスを盛り込む理由はおそらくそこにある。そのような時空間の裂け目からしか新しいコミュニティを可視化することはできないように思われる。

このような、国家原理とは異なる方法で共同性を築いてきたチカーノの試みのいくつかをゴメス＝ペーニャを起点に見ていくことにしたい。最初に取り上げるのはタトゥー（タトゥアーへ〔刺青〕）である。パフォーマンスや詩作やエッセイなどさまざまな実践のなかで境界線の意味を脱構築してきたゴメス＝ペーニャの活動を支える身体にも多彩なタトゥーが施されており、彼はそのことについて「タトゥーをしていることで、近代的な監視体制から目をつけられているような人びとと容易に言葉を交わすことができた」とあるところで語っているが、タトゥーを近代社会から逸脱している者の符牒として位置づける視点は欧米社会からの偏見だろう。(21) 個人のなかに重層的に混在している共同性への帰属を表現し、近代的なアイデンティティをすり抜けるきわめて脱国民国家的な方法論として、ゴメス＝ペーニャはタトゥーを積極的に利用している。もちろん、多くのチカーノも自分たち自身で彫ることができるようなシンプルなタトゥーによって恋人の名前を腕に、グループに所属していることの証として「パチューコ・クロス」を親指と人差し指のあいだに刻み込む。「自分が何者であるか」に確信をもてない者にとって、タトゥーは自分と他者の関係を劇的に変えることのできる大きな力をもっている。他者との新たな関係を築く契機を与えてくれるのである。国家に組み込まれた構成員が自然と身につける精神の安定を、彼らはタトゥーを通して手にするのだ。

身体とは本質的に結びついていない国家原理の管理下にある「土地とその名称」に帰るべき場所を見つけるのではなく、身体自体に土地や名称などの記号を書き込むことによってアイデンティティは異なる位相で意味をもち始める。これを「新しいトライバリズム[22]」と位置づけ、新しい部族主義の符牒としてタトゥーの役割を考えることは重要である。さらに、新しい時空間の認識を獲得するためにもタトゥーは大きく寄与している。ゴメス＝ペーニャのタトゥーに関するエッセイ「三番目のタトゥー[23]」には次のような一節がある。

パフォーマンス・アーティストとして、私の身体は実験室であり、キャンバスであり、日記帳なのである。このもっとも個人的な「本」において、傷跡とは、外部から強要された「文字」のようなものなのだ。したがってタトゥーは、私によって意識的に選ばれた言葉でありフレーズだと言えるだろう。私の身体の上に起こったことはなんであっても、必然的に私の芸術と自己意識に影響を与えるし、世界との私の社会的かつ官能的な関係にも影響を与える。また、逆もそうである。

身体に刻み込むあらゆる形象を「文字」と捉え、その文字を自己意識と結びつけるゴメス＝ペーニャは、一九五五年にメキシコ・シティに生まれ、二二歳のときに北へ向かい、国境線を越えることでチカーノに近づき、そして、サンフランシスコにたどり着いた。移動の行程そのものにチカーノ化のプロセスを見るゴメス＝ペーニャは、サンフランシスコに到着したことを祝したひとつ目のタトゥーとして「プレコロンビア」の「蛇」を彫った。新大陸の前史としてのプレコロンビアにおけるメキシコの象徴である蛇を、アメリカという土地において最初に、アイデンティティの深層に埋め込んだのである。さらに、二つ目と三つ目のタトゥーの意味についてゴメス＝ペーニャは次のように書いている。

二つ目は、複雑なコンピュータの回路によって作り上げられた、メックスアメリカの詳細な地図の模様をしている。そのなかで、文化と農業の贈与者であり、放浪性のアステカの神ケツァルコアトルは、ローライダーのモーターボートに乗ってユカタン半島から出発しようとしている。一方、北方には、ゾロがレアリングの黒いスタリオンの上でアメリカから飛び出そうとしている。この独特なタトゥーは、メキシコ移民としての私の旅の、伝記的／歴史的地図として機能している。それは南から北へ、コロンブス以前のアメリカからハイテクのチカニスモまでをも移動する。（……）一九九八年の七月に、私は三つ目のもっとも痛みをともなうタトゥーを入れた。今回のそれは心臓の真上に位置し、複雑な装飾を施したガラガラヘビが私の肌を覆った。電気の針の先が頭を作り上げている。そしてその額には、バリオのカリグラフィーで書かれたロマンティックなサイン（スペイン語で「永遠に」の意味）が刻まれている。

コンピュータの回路とメキシコの地図、ケツァルコアトル、ローライダー、ゾロ、スタリオン、ガラガラヘビ、バリオのカリグラフィー、スペイン語。それらを自分の身体の平面に同時に描き込むという作業は、チカーノが壁画や絵画のなかに歴史上の出来事や人物を同一平面上に描こうとする心性と通じている。たとえば、チカーナの壁画家であるジュディス・バカがロサンゼルスで進めている「ロサンゼルスの万里の壁画（Great Wall of Los Angeles）」のテーマは、アメリカ史の外側に追い出されたカリファス（パチューコたちによるカリフォルニアの呼称）の歴史を同一平面上に次々と描いていくことにあり、あるいは、チカーノの壁画家であるビクトール・オロスコ・オチョーアの描いた有名な「ジェロニモ」は、アメリカの歴史から抹殺されるべき存在として追われたインディアンを前面に出しながら、チカーノ文化を代表するイコンをその周りに配置して歴史を捉え直そうとする試みである。つまり、歴史は過去と現在を同時に視野に入れることで立ち上がってくるものなのであり、過去において歴史から消された出来事や人物を「いま」という視点から見直すことなのである。視点を変えることによって歴史は新たな相貌を私たちの前に見せてくれるはずだ。

ゴメス＝ペーニャが言う「南から北へ、コロンブス以前のアメリカからハイテクのチカニスモまで移動する」とは、空間的な移動を時間的な移動と交差させるゴメス＝ペーニャおよびチカーノの独自の思考方法であり、空間によって時間を、そして時間によって空間を管理しようとする国家原理とは反対のベクトルを示している。その結果、近代的価値観のなかで生きる人びとは、人工的な境界線を越え出る行為と旅を等価なものとして結びつけてしまっている。なぜなら「境界線の論理」は境界線内部を国家言語や国民のようにある統一した差異のない存在として扱おうとする方向性をもっているからである。そのような状況では、国境線を越境することで初めて異文化に出会えると人は考えてしまう。しかし、実際には、国家原理が想定する状況はもともと理想であり幻想なのであり、その幻想はますます実態とはかけ離れた状況へと推移している。国民国家が境界線の内部をどのような方法で均一化していくかについて、ベネディクト・アンダーソンの『想像の共同体』は「人口調査」「地図」「博物館」が利用されていると説明している。センサスの人口調査でヒスパニックが黒人を抜かしてアメリカ最大のマイノリティになったというニュースに対してヒスパニックがそれほど反応しないのは、ヒスパニックがそもそもきわめて多様であることに加えて、これまで見てきたように「ヒスパニック」も「黒人」も実体をともなわない曖昧な言葉だからである。そのような存在を数値として算出するというまやかしはただ、アングロ・アメリカに不安とパニックを引き起こす結果しか招かない。

（人口調査の考え方は）すべてをトータルに捉え分類する格子（グリッド）であり、これは果てしない融通さをもって、国家が現に支配しているか、支配することを考えているものすべて、つまり、住民、地域、宗教、言語、産物、遺跡、等々に適用できる。（……）（この格子の効果は）これはこれであって、あれではない、これはここに属するものであって、あそこに属するものではない、と言えることにある。それは境界が截然と区切られ、限定され、したがって、原則として数えることができる。[24]

ヒスパニックや黒人の人口を数えることができるとするその思考方法自体に疑問を投げかける必要がある。アンダーソンはさらに「それぞれの人種集団の下に登場する〈その他〉と、その他の〈その他〉を絶対に混同してはならない。すべての人がそのなかにいること、そしてすべての人がひとつの、そしてひとつだけの、きわめてはっきりとした場所をもっていること、これが人口調査のフィクションである。分数はあってはならない[25]」とも書いている。人種概念とは異なるヒスパニックは元来「その他」に相当するはずなのだが、「その他」に属する人びとが増えれば国民国家は統一を維持することができなくなるために、どこかのカテゴリーに無理矢理に組み込まれることになる。また、そうすることによって「あってはならない」分数としての「混血」も国家は隠蔽しようとする。しかし、ラティーノが国家内のグリッドではなく、それとは異なる基準によって存在していることはここまで述べてきたとおりで、ラティーノか否かは外部から規定される問題ではなく、いわば「内面の問題」なのである。

自らのチカーノ性を固定的なものとしては捉えず、むしろ、チカーノやラティーノを超えたあらゆる言語とエスニックに揺さぶりをかけようとするゴメス＝ペーニャは、自分をチカーノというよりも「チカーノ化の過程（the process of chicanization）」にあると表現している。メキシコとアメリカの往還運動のなかで複数のアイデンティティを抱えたチカーノ性が現れ、往還するごとに境界線は無化へと近づき、新しいコミュニティが立ち上がる。ゴメス＝ペーニャは自分のことだけではなく、そのような往還運動のなかにある出稼ぎ労働者の同胞たちのタトゥーについても触れている。

移民労働者たちは故郷へと帰る前に、危険に満ちたアメリカでの冒険を永遠に思い出すためにタトゥーを入れる。彼らのお気に入りのデザインは、まず「グアダルーペの聖母」である。それと、魅力的なメスティソと筋骨逞しいバトが暮らしているような「田舎の光景」。そして、私も入れているような「頭蓋骨」のデザイン。

「グアダルーペの聖母」[26]と「共有される風景」と「カラベラ（ガイコツ）」もチカーノ文化を構成する不可欠な要素である。一般に、故郷は「アメリカ」のような国家名でも「アメリカ南西部」のような地域名であっても、ある名称とともに語られ、私たちはその名称から醸成される故郷のイメージに縛られている。したがって「故郷はどこにあるのか」とあらためて問えば、それは言葉のなかにあるとさえ言えるかもしれない。実際には、土地の風景は移ろいゆき、人の記憶も変容していくなかで、変わらないものは名称だけであろう。名称があるからこそ私たちは故郷に帰ることができる。しかし、現実には、帰還するべきあの懐かしい土地はもうどこにも存在しない。「故郷は人によって異なり、想像のなかに構築される」とするチカーノの考え方は、土地と人の記憶が急速に変化するような時代にこそ適っている。彼らが所属する故郷は誰にとっても同じものではなく、人によって、空間によって、時間によって、移り変わるような共同性である。未だ誰も実際には訪れたことのないような「帰るべき場所（アストランなど）」を希求する存在こそがチカーノの特性であり、ポストナショナリズムの時代に生きる現代人はみなそのような傾向を抱えているのではないだろうか。そのときの「帰るべき場所」は、境界線によって区画されたある特定の土地を指すのではなく、あくまでも心象を投影することのできる「グアダルーペの聖母」のようなシンボルや「風景」のなかにある。ある地域を直線によって排他的に分断して理解するのではなく、心象風景のなかに存在する空間として理解するという点では、ヘレン・ハント・ジャクソンの小説『ラモーナ』[27]が描写したような南カリフォルニアや、あるいはサウスウエストもそうであるし、チカーノの精神的な故郷であるアストランも同様である。アステカ族がメキシコへと南下する以前にもともと居住していたとされるアメリカ南西部の土地であるアストランは、そのような正確には場所を確かめようのない想像上の故郷であり、認識上のトポスである。特定できないような土地を他者と共有できるチカーノの能力は、自分が慣れ親しんだ「風景」のなかに故郷を見つつ他者と共有する能力を育んだのだった。

そのような新しいコミュニティは必然的に国家言語とは異なる新しい言語を生み出す。ゴメス＝ペーニャのパフォーマンスは国家言語の境界線を無化する実験場でもある。

私たちは、スペイン語、フランス語、英語、スパングリッシュ、フラングレ、そしていくつかの「盗用言語」で話した。「同時翻訳」はわざと間違ったものにした。それは観衆に、多言語・多民族社会で生きることの文化的な幻惑を体験させるためだった。(28)

「スパングリッシュ」とはスペイン語と英語の混淆言語を指すが「なぜスパングリッシュを使用するのか」について、コロンビアの哲学者エドゥアルド・メンディエータの質問に、ゴメス＝ペーニャは次のように答えている。

〈スパングリッシュを使う〉目的は、観衆や読者に〈部分的に排除される〉とはどういう感じなのかを体験してもらうことにある。彼らが住んでいる街のマイノリティはどういう気持ちでいるのか、彼らが所属している国の外国人はどう感じているのか。（……）私たちの世代のチカーノは、この「記号論的錬金術」を意のままに扱うことができる。だから、「本当のスパングリッシュ」と「偽物のスパングリッシュ」があると考えることはまったく馬鹿げている。[29]

ある言語を介して誰にでも等しく同じような意味を伝えることはますます不可能な世界に私たちは住むようになっている。スペイン語と英語がぶつかり合うボーダーランズにおいては、使用する人間の出自や使用される場所や状況の影響を受けて、無数のスパングリッシュが絶えず産出されることになるだろう。国家言語とは異なる地平にあり、統一的な言語体系を志向しないスパングリッシュは、国民国家成立以前の言語に近づいていくのかもしれない。イラン・スタバンスが編纂した『スパングリッシュ』という書物のなかの実験的なレキシコンは、本人も書いているとおり、新たな問題設定を国家原理の陥穽のなかに投げ入れて波立たせるものであり、実用的な参照枠として提示されているわけではない。[30] スパングリッシュを文字の上にしっかりと固定しておくことは元来できないからである。このように考えると、エボニクスやイディッシュとともに、国家言語を攪乱する言語の一つとして、スパングリッシュ（エスパングレス）を位置づけることができる。

国家言語が抱える欺瞞を顕現化させるスパングリッシュの巧みな使い手であるチカーノは、国民国家の構成員の桎梏を解き放つ術を心得ているように見える。ゴメス＝ペーニャのパフォーマンスは国家言語の境界線を無化する実験場であるとともに、国民国家の境界線を無化する実験場でもある。ラティーノが幻視するアイデンティティ・ポリティクスの荒野に立たされたとき私たちは、「アイデンティティ」をどのように「反復」して捉え直し、自分自身をどこに位置づければいいのだろう。新たなコミュニティの形成は私たち自身の認識に委ねられており、アメリカにおけるラティーノによる相対化の実践はその指針となるはずである。境界線が取り払われたとき、私たちは、いったい「誰」になってしまうのだろうか。

私はメキシコ人であり、チカーノであり、ラテンアメリカ人である。国境地帯ではチランゴやメヒキージョと呼ばれ、メキシコ・シティではポチョ（アメリカかぶれのメキシコ人）、ノルテーニョ（北の人）、ヨーロッパではズュダカー（ドイツ語で「南米人」）、アングロサクソンにはヒスパニック、ラティーノと呼ばれ、ドイツ人は一度ならず、私をトルコ人やイタリア人と間違えた（ギリェルモ・ゴメス＝ペーニャ[31]）。

# Ⅶ　境界線の詩学——アルフレッド・アルテアーガ

アイルランドとギリシアの血を受け継ぎながら日本を終焉の地として選んだラフカディオ・ハーン（小泉八雲）が、鳥や虫の声にとりわけ愛着を感じていたことはよく知られている。異言語が飛び交い口承文化に恵まれた「ダブリン」「ニューオーリンズ」「マルティニーク」「ニューヨーク」などの街で暮らしてきたハーンにとって、異国の言葉と鳥のさえずりはどこかで交錯していたのだろう。つまり、音素の差異のシステムによって意味を作り上げるのではなく「音そのものに宿る意味」を直観的に彼は感じとるのである。初めて日本の地を踏んだときの日々を記した『日本瞥見記』でハーンは五感を総動員して日本の風物を描写しているのだが、そのなかで、早朝の松江でウグイスのさえずりを耳にしたときの印象が記されている。「いかにも悠々迫らず、ほれぼれとした陶酔のうちに、この金句の一音一音を、しみじみと味わうように歌うのである[1]」と書いたあとに、難解な法華教の経文を長々と引用している。おそらく当時のハーンにはウグイスのさえずりと同じように経文は解読可能な「意味」をともなうものではなかった。しかし「ホー、ケッキョー！」と鳴くウグイスの冴え渡る声が「母語」や「異語」と同一の地平におかれることによって、おそらく「もうひとつ」の世界を彼に体感させたのだろう。鳥のさえずりは私たちが知覚し得ない世界を暗示していたのである。

＊　＊　＊

明治から昭和にかけて活躍した幸田露伴は『音幻論』の冒頭で「音は幻である」と述べたあとに、西洋由来の言語学とは無縁の場所から「音そのものに宿る意味」について奔放に自説を展開している。現代思想に決定的な影響を与えたフェルディナン・ド・ソシュールの「シニフィエとシニフィアンの恣意性」を露伴は受け入れないのである。つまり、自然音が「音」になり、音はやがて「幻」のように変化してゆく、と彼は考えた。言葉はもともと実体と密接に関係していたのだが、音声は幻のように変容していくということである。「擬音」と題された最後の章で、ホトトギス、カッコウ、ウグイス、百舌、鵜、雉、雁、雀、燕、鳩、雲雀、鶴、梟などを例にあげて「鳥の名はその鳴く声によって名づけられた例が多いもので即ち擬した音である」ことを説明している。つまり、さえずりと鳥の名称には関係があり、それによって、鳥の声は私たちの言語風景に紛れ込んでいるのである。

とはいえ、露伴は「擬音」によって言葉の成り立ちをすべて説明できると考えているわけではない。むしろ、自然音が「音」に変化しさらに幻のように変化することで、言葉はつねに私たちの手をすり抜けてゆくというイメージのなかにある。その抜け殻だけを取り上げればシニフィアンとシニフィエは恣意的となるだろう。露伴は結局、言語風景の実体を「発する人」と「聴く人」のあいだに成立する可変的な世界と捉えて次のように書いている。

元来、言語といふものは二元のものである。即ち発する人が一つ、聴く人が一つ、その聴いた人が復元する時に至って、又、発する人が復聴する時に於て言語は成立つのである。それであるから言語といふものはそのもの一つで、すなはち発音者のみを以て論ずるのは寧ろ滑稽なことであって、聴く人聴かせる人が一圏をなして初めて成立つものである。(2)

音は幻のようにとらえどころのないものであるが、それを発する人と聴く人のあいだに刹那的な意味の世界を成立させる。「音そのものに宿る意味」は実体から遠ざかって変化していきながらも、発する人と聴く人の対話のなかでふたたび呼び起こされて「もうひとつ」の世界を構築しつつ両者に捉まえられる。しかしまた、手に触れたかと思えた瞬間にそれは消え去っていることだろう。鳥のさえずりが通常では触れることのできない「もうひとつ」の世界への通路を示唆しているように、人間同士の会話においてもまた異界への入り口の扉はつねに開かれているのである。

アメリカのポストモダンの詩人チャールズ・オルスンは幸田露伴のこのような問題意識ときわめて近いところにいる。オルスンは「投射詩論」のなかで「詩人が耳で聞き取るものと、自らの呼吸の高まりの両方を記述できなければ、詩は死んでしまう[3]」と述べている。詩人の「息」が詩の体裁に反映し、その詩は息づかいを反映した「もうひとつ」の世界を体現している。一般的には意味をともなわないとされる息に耳を傾けることで詩行等は変化し、それによって初めて詩は意味ある風景を私たちの前に映し出し始めるのである。

メキシコのミチョアカン州に居住するプレペチャ族は、音の高低を駆使した声調言語を用い、さらに息に意味を乗せるようにして会話を行う。その発声方法は通常の言葉とは異なる意味を担うことによって新たな世界を描いているに違いない。沈黙のなかでだけ聞こえる息づかいにインディオは異界への入り口を見る。「沈黙によって、インディオはほかの言葉も知る。インディオは、鳥や植物や樹の言葉を知る。彼は、大地や川や太陽の言葉を知っている[4]」とまるで散文詩のような『悪魔祓い』のなかでル・クレジオは書きつけていた。パナマのエンベラ族などのインディオの生活に入り込み一貫して彼らの側に立とうとするル・クレジオは、この著書のなかですでにインディオ世界の特殊な構造を見透していた。インディオの歴史はそれ以外の近代的な人間の歴史からすると「平行的」であり「眼に見えない」「霊魂の世界[5]」であるという。沈黙と息がその「もうひとつ」の世界の在処を教え、それによって、鳥のさえずりは意味あるものへと変質するのである。

以上のことを踏まえるならば、インディオとのつながりを重視するチカーノの精神世界が異界を暗示する霊魂の導きを通して理解されるのは意外なことではない。英語とスペイン語、詩と散文、神話と自伝などが融解する『ボーダーランズ／ラ・フロンテーラ』においてチカーナ作家のグロリア・アンサルドゥーアは、異文化を取り込む際に生じる抵抗と痛みを乗り越える通路としてウィツィロポチトリの母である女神コアトリクエを導入する。コアトリクエが切り開く異界の通路およびその世界のことをアンサルドゥーアは「コアトリクエ・ステート（コアトリクエの位相）」と呼び「コアトリクエは矛盾の表象である。アステカの宗教や哲学にとって重要なすべてのシンボルが、その姿に統合されているのである[6]」と説明した。チカーノおよびメキシコ人の起源はアステカの神々とともにある。彼らの身体に色濃く刻印されたアステカ族は、コアトリクエの息子である太陽神・軍神・狩猟神のウィツィロポチトリの神託に従って現在のアメリカ南西部に位置する「アストラン」を出てメキシコへ向かい、一三四五年にテノチティトラン（現在のメキシコシティ）を建設した。その神託とは「湖の中央にある石の上に生えているサボテンを探せ。その上に鷲が蛇をくわえて翼を広げているだろう。その土地こそが都を建設する場所である」というものである。現在のメキシコの国旗の中央に描かれている起源の物語が示唆しているように、アステカの神々は過去の物語のなかの架空の存在ではなく、いまにおいても異界へと誘う道案内人である。アンサルドゥーアが選択したシンボルも「眼に見えない霊的な存在」であることによって異界への扉を開いている。とするならば、アンサルドゥーアの代名詞となっている「ボーダーランズ」は、米墨国境の境界線をまたぐさまざまな文化がただ賑やかに混淆している状況を指しているわけではないことがわかる。多様な文化の背後には無数の文化の蓄積があって、それらが衝突しながらも融合していく際に立ち上がる異界にまで想像力が及んでいるのである。スピリチュアルな次元における通路がなければ、すでに獲得している文化を携えつつ異質な文化を摂取することはできないからである。異界の声がもたらすパラダイムの脱構築は、閉塞した社会を解放するための必然的な選択肢であった。

＊＊＊

旧大陸と新大陸で独自に発達した文明が一五世紀の終わりに衝突することによって、アメリカス（南北アメリカ大陸およびカリブ海）は異文化が混淆する土地へと徐々に変容していった。そのようなアメリカスを表象するために「異界への通路」という発想は欠かせないものである。なぜならば、複雑に対立する文化をある特定の立場から一方的に描写することは不可能であり、両者を媒介する言葉と論理がなければ全体を映し出すことはできないからである。どちらに偏ることなく新たな風景を描き出すことなしに、私たちは異質な文化を共有することはできない。相容れないものを受容しながら表現しようと試みるための通路は、異文化混淆の民であるチカーノのその長くはない歴史のなかでいくつもの花を咲かせてきた。アンサルドゥーアの作品もそのひとつであり、フランシスコ・X・アラルコン、パット・モーラ、フアン・フェリペ・エレーラなど何人もの作家たちが多くの作品をすでに残している。ヨーロッパの声と先住民の声、さらにはその背後にある無数の声とそれらが混淆した声が重層的に重なり合うとき、アメリカスに埋もれていたかすかな声は鳥のさえずりのように新たな歴史を語り出す。

アメリカスをひとつのトポスと捉えながら古今東西の人びとの声を反響させる試みの最高の到達点のひとつが、チカーノ詩人であり批評家でもあったアルフレッド・アルテアーガの代表作『カントス』[7]の冒頭「カント・プリメーロ」である。コロンブスによる新大陸の「発見」という歴史上比類のない文化的な混淆をアルテアーガは九連の詩のなかに巧みに描き出した。鳥のさえずりに乗せてアメリカスの歴史を現前させようとする壮大な叙事詩は、東洋と西洋、あるいは過去と未来の声を、時間と空間を越えて照らし出す。一連は「到着」というタイトルに続き、次のように始まる。

最初に、島。
真実の十字架。
もうひとつの島。
大陸。
境界線、半分は水、半分は金属。

鳥たちの島、「クコラナン」。

鳥たちの島、
「ククコラナン　パチャクテック！」
さえずりは島中に響く、
大気や木々に、「ククコラナン　パチャクテック！」
メスのさえずり。「リクイ
アンセアクナック　ヤウアルニイ　リチャカウクタ！」
メスの鳥たちの島、想像せよ
さえずり、大気、木々を、また時には
静寂、棘の擦れ合う音を。

一四九二年一〇月一二日にいまのバハマ諸島の東端にあたるグアナハニ島にクリストーバル・コロン（コロンブス）は「到着」するやその島を「サンサルバドル島」と名づけた。四度にわたる航海のなかで「もうひとつの島」と彼が考えた土地はじつは「大陸」であったが、この稀有な探検家は植民地運営のしがらみのなかで自らの達成した真の意義を確認することなく、スペインで一生を終えた。「境界線、半分は水、半分は金属」は欧米諸国の帝国主義的な侵略の末に生まれた米墨の国境線について述べている。「境界線」を「水と金属」のような異質な二つの要素で表現する方法論を「ディフラシスモ」と呼び、これはアステカの詩人が使用した詩的技巧である。たとえば「街は水と丘」であり「身体は手と足」、「詩は花と歌」のように表現される。街には水と丘が隣接しており、身体には手と足があり、詩は必然的に声を出して歌われるものだったからである。「境界線、半分は水、半分は金属」とは、米墨の国境線が東側のリオ・グランデ川の水と西側の人工的な金属製のフェンスによって成り立っていることを表現している。このようなディフラシスモの表現方法を冒頭に掲げることで『カントス』がナワトル語の世界観を受け入れていることを、アルテアーガは評論集『チカーノ詩学』(8)(一九九七)のなかで自ら解説している。ディフラシスモこそがアステカ族の、そしてアルテアーガとチカーノの方法論なのである。

英語表記以外のカタカナの部分はインカ帝国最後の皇帝トゥパク・アマルの声(ケチュア語)である。チリのノーベル文学賞詩人パブロ・ネルーダの「征服者たち」という詩の冒頭にもエピグラフとして掲げられているアマルの言葉は、木々に響き渡る鳥の声と混ざり合うようにして語られる。「母なる大地よ、どのようにして私が敵によって血を流したのかを目に焼きつけてくれ」という叫びは、アメリカスの歴史に響き渡る不可欠な声としてアルテアーガには聞こえたに違いない。アメリカスの歴史から征服者たちによって侵略されたという事実を拭い去ることはできないのである。しかも、トゥパク・アマルはその後、何度も生まれ変わる「霊的な存在」となったことは重要である。トゥパク・アマル二世を名乗る一八世紀のホセ・ガブリエル・コンドルカンキはラテンアメリカ諸国がスペインから独立するための礎を築き、二〇世紀には「在ペルー日本大使公邸占拠事件」を起こしたペルーの左翼武装組織もトゥパク・アマルを名乗った。トゥパク・アマルは過去の忘れ去られた人間ではない。人間は時が過ぎ去れば消えてゆくような空しい存在ではなく、死は「終わり」を意味しない。死ぬことによって共同性や故郷に参加することで、人は連続性の相関のなかで初めて意味ある人生を手に入れるのである。トゥパク・アマルの声は「さえずり」になぞらえられてアメリカスを構築し続ける。次に掲げる四連においても鳥は、アメリカスを浮上させる「声」と「思考」を司るものとして描かれる。

木々が思考を捉えた。
鳥たちと陸上のものがそれらを
船で運んできた。彼女は知っていた
それらの考えを、それらの歌を聴いたことがあった。
さらにもうひとつの島があるというのか？
鳥、音、おそらく真珠
黄金？　エデン＝グアナハニ、あるいは
別の場所？「おお、わがマリーナ、私のさまよう
手、それらはなすがままに、前、
後、あいだ、上、下」
西。

コロンブスが初上陸したグアナハニ（サンサルバドル）島は楽園のようなエデンとはほど遠く、乗組員たちの不満を高めるだけだった。しかし、第三次航海の一四九八年八月二〇日に、コロンブスはマルガリータ島で原住民から大量の真珠を獲得している。その際に彼は「エデンの園」を発見したと報告し「ここはアジアである」との確信を深めたのであるが、ついに「黄金」を見つけることはできなかった。台詞のなかの「マリーナ（マリンチェ）」は、一五一九年にアステカ帝国を征服したエルナン・コルテスの通訳兼愛人である。敗者であるアステカ側からコルテスに贈られた何人かの女性のなかにマリーナはいた。ナワトル語、マヤ語、その他いくつかのインディオの言葉を話し、スペイン語もすぐに習得したマリーナをコルテスはその後も長く重用したのである。メキシコ壁画運動の時代に活躍したホセ・クレメンテ・オロスコが描いたコルテスとマリーナの絵画は、エデンの園のアダムとイブとして描かれている。その意味するところは、マリーナが旧大陸と新大陸の最初の架け橋となり、さらにアメリカスにおけるメスティソの第一子であるマルティン・コルテスを生んだ女性だったからである。詩のなかでマリーナが登場する台詞は、一六世紀イギリスの形而上詩人ジョン・ダンの詩句（エロティックな描写で有名な「エレジー」）が使用されている。男性としてのヨーロッパが女性としてのアメリカに魅了され、そしてアメリカが籠絡される関係を表現している。ヨーロッパはアメリカという女性を愛撫しながらやがて「西」へと向かうことになる。

このあとの七連はアイルランドの小説家ジェイムズ・ジョイスの『ユリシーズ』（一八章「ペネロペイア」）、八連は一六世紀に新大陸で生まれた探検家であり詩人のガスパール・ペレス・デ・ビリャグラの『ニューメキシコの歴史』、最終の九連は一七世紀に生を受けたメキシコの女流作家ソル・フアナ・イネス・デ・ラ・クルスの『アスンシオン』と『サン・ペドロ・ノラスコ』からの言葉を引用しながら、アメリカスに飛び交う多言語性・多文化性を表現している。

＊＊＊

「さえずり」とともに「はばたき」もまた鳥に欠かせない属性である。はばたくという行為によって鳥は地上の束縛から解放された。上下左右に移動できる鳥は平面の移動しか許されていない人間とは異なった視点を有していると想像できる。さらに、ハチドリはそのような一般的な鳥の属性をはるかに凌駕した能力を持っている。アメリカスにしか生息しないハチドリは他の鳥と同じように飛行するだけではなく、空中において後ろ向きに飛んだりホバリングしたりすることさえできるのである。

ペン・オークランド・ジョゼフィン・マイルズ賞を一九九八年に受賞したアルテアーガの詩集『青いベッドのある部屋』は、散文詩のもつ可能性を最大限に追求した難解かつ無限の広がりを感じさせてくれる作品であるが、その第九章「飛行（flight）」はハチドリに焦点が当てられている

（第四章「息（breath）」はチャールズ・オルソンに触れられている）。アルテアーガは言う。「ハチドリが私を魅了する理由のひとつは飛び方にある。ハチドリが他の鳥たちにとってもつ意味は、鳥一般が私たち人間にとってもつ意味と同じである」[9]。つまり、鳥と人間のあいだに深淵が横たわっているのと同じくらいに、ハチドリは鳥のなかでも特別な存在だというのである。いうまでもなく、前進し続ける動きと空中で停止する動きのあいだには大きな違いがあるのだが、とりわけ「動きながら停止する」という行為がアルテアーガに「不可能を可能にする」とまで言わせた要因であろう。

この詩のなかで著者は、メキシコとアメリカの国境地帯にあるロサリートという海辺の街に出かける。国境の街ティファナとエンセナーダの中間に位置する寂れた街である。ロサンゼルスからメキシコまで「魂に空いてしまったブラックホール」を埋めるためにこの街にやってきた詩人は「汀に立ち、背中を海に向けて、砂浜の方を向き、顔で風を受けながら」自らがハチドリとなって思いを巡らせる。その様子はまるでヴァルター・ベンヤミンが言う「歴史の天使」になったかのような印象的な風景である。歴史の天使は未来ではなく過去に顔を向け、進歩の比喩である風に煽られながら未来へと運ばれていく。天使が見ているのはただ積み重ねられてゆく廃墟だけである。天使はその場所になんとかホバリングしながら、死者たちを蘇らせて破壊したものを修復しようとしている。しかし、風に煽られてその思いを果たすことができないでいる。その間にも、あらゆる時空間を均一化させようとする近代化の風は、私たちの心にブラックホールを空け、死者たちを永遠の過去へと葬り去る。

陸から吹く強風が乾いた砂を巻き上げ海に向かって吹きつけていた。汀に立っていると輝く白い砂がこちらにぶつかってくる。湿った砂地を越えて私をかすめ過ぎては海へと飛んでゆく。自然が生み出す錯覚に違いないが、より白い砂はとりわけ私をめがけて吹きつけてくるように見えた。ごわごわとした風に向かって私は翼のように腕を広げた。明るい砂と暗い砂、波の音と風の音、風それ自身。翼を広げた私。瞬間的に私は飛ぶとはどういうことかがわかった気がした。あとになってこのことを母に話すと「それは神様がくださったひとときよ」と応えてくれた。エピファニーである。(10)

詩人はメキシコからバークリーに戻ってからも緑のハチドリを目にして「エピファニー」という言葉を発している。ルーマニア生まれの宗教学者ミルチャ・エリアーデが理論化した「エピファニー」は神が顕れる特別な場所である。聖なるものが顕れるヒエロファニーのなかでもとくに「石」において「神の顕現」は起こる。その「固さ、粗さ、恒久性」(11)が「世界の中心」のシンボルとなる条件を兼ね備えている、とエリアーデは豊富な具体例を提示しながら説明する。実際に、アステカ族の都であるテノチティトランを建設する目印となったサボテンも「石」のうえに生えていた。そして、サボテンの上で蛇をくわえ羽を広げている鷲は、アステカの人びとに神託を授けたウィツィロポチトリの化身だとも言われている。とするならば、神はテノチティトランの石に生えたサボテンに顕現したエピファニーである。では、神の顕現であるハチドリとウィツィロポチトリはどのようにつながるのであろうか。じつは、ウィツィロポチトリの名前は「ウィツィリン」(ハチドリ)+「オポチトリ」(南の(左の))で「南の(左の)ハチドリ」を意味している。南のハチドリであるウィツィロポチトリは、ハチドリという鳥に姿を変えていまでもアメリカスの各地にエピファニーをもたらしている。ハチドリを通してアメリカスの人びとは異界との通路を行き来する神々を思い起こし、共同性を成立させている歴史のなかへと入り込みながら自らは何者かを問い直すのである。

＊＊＊

鳥はつねに人間の生活の近くにあった。私たちは日常的にさえずりを耳にし、はばたきを目にしてきたはずだ。とはいえ、大半の人びとにとって鳥は別世界の住人だった。そのような状況のなかで、言葉のはざまで生きることを強いられた一部の人たちは鳥の「声」を、そしてその「動き」を特別なものとして受容していた。窮屈な国家言語に幽閉された私たちにとっていま必要とされているのは、ハーンや露伴、ル・クレジオやアルテアーガのような、鳥の「さえずり」や「はばたき」から異界を感じとれる能力を醸成することではないか。

一五〇〇年以上前にアメリカの東部を生きたヘンリー・ソローの代表作『ウォールデン』には

「音」と題された章がある。音の主人公はもちろん鳥たちである。「水」と「金属」から形成された「境界線」が作られるきっかけとなった米墨戦争と同じ時代に（ソローはこの戦争と奴隷制度に抗議して投獄されたことがある）、文明の音と鳥のさえずりを同一の地平で聴いているソローがいる。さえずりと汽車の音は交錯しながらソローの耳に入ってくる。

ある日の午後のこと、私が窓辺に座っていると、家が建つ明るい林の上空に何羽かのタカが姿を現し、円を描いて飛びました。すると、私の視界を二羽、三羽とリョコウバトの群れが猛烈な勢いで横切り、そのうちの一羽が、私の家の後ろのストローブマツの太枝にあわてたように止まって、ひと声、空に向かって鳴きました。湖に目を移すと、ミサゴが、まるで鏡のようになめらかな湖面をかすめて飛んでいきました。ミサゴは、湖面にさざ波をたてた一瞬あとには、もう一尾の魚を足に掴んでいました。そのうちに戸口の前の池の茂みから、一頭のミンクがそっと顔を出し、岸辺に潜むカエルを口で捕らえました。池の茂みでは、食物を求めるコメクイドリが飛びかい、時にスゲに群れをなして止まり、草をしならせました。その間、私の耳には三〇分ほども、ボストンからこの池に旅人を運ぶ汽車の音が、ライチョウの太鼓のような羽音そっくりに、聞こえては消え、消えては聞こえました。(12)

しかし不思議なことに、その交錯する音に紛れて聞こえてくるのは古今東西の文学作品や人物の声であった。「森の生活」でソローは神話や聖書や聖典と何度も対話をしている。ギリシア神話や論語や旧約聖書、『国富論』『ビーグル号航海記』『ロビンソン漂流記』は、さえずりや汽車の音とともに「もうひとつ」の世界観をコンコードに作り出す声の役割を果たしていた。文字言語が声や息づかいから離れ、もはや残響のようにしか届かない近代社会では、ソローのようにこれらの書物の「声」を「さえずり」に乗せながら聴くことのできる感性が求められているのではないだろうか。

# Ⅷ　事実と虚構の境界線——ホワイトネスと混血

二〇世紀が始まってまだ間もない頃に『黒人のたましい』の冒頭でW・E・B・デュボイスは「二〇世紀の問題はカラーラインの問題である」と書きつけていた。黒人をある確固とした集団とみなして闘争のための母体としたことは、公民権運動などを通して一定の成果を収めてきたことは確かである。しかし、それを踏まえて、複雑な現実をさらに精査したうえで状況を前進させるには、人種や民族という枠組み自体に関心を向けることも必要であろう。単純な枠組みのなかにおいては、固定的な共同幻想を喚起するホワイトネス概念の実体化と、それぞれの民族概念の形成は共犯関係におかれる。両者のあいだに引かれている境界線はあたかも共依存を成立させるために置かれているようである。それは、同じ現象の裏表でしかない。重要なのはそれらを成立させているパラダイム自体に疑問を投げかけることである。

たしかに、複雑な現実を二項対立へと単純化することは黒人にとって有効な手段ではあった。一九六四年に一定の成果を達成した公民権運動にはそのような側面が強かったが、一方で、それだけでは解決できない問題は残ったのである。「純粋な白人」と「純粋な黒人」という形而上的なイデアの想定は複雑な境界線に囲まれている「チカーノ」が抱える問題を解決し得なかった。そもそも、白人と黒人は対極に位置する言葉とされつつも、実際には非対称性のなかにあることをチカーノは理解していた。公民権運動後も、白人は無徴であり黒人は有徴であり続けた。たとえば、バラク・オバマ元アメリカ大統領を「黒人」とするパラダイムのなかでは、彼の母親がカンザス州出身の「白人」であることは看過された。また、公民権運動の時代に黒人解放指導者として有名だったマルコムXには母方に白人の血が流れており、アカデミー主演女優賞を受賞したハル・ベリーは「黒人として初めて」という修飾語がついて回るが、彼女の父親はイギリス系白人である。

＊　＊　＊

色の表現のなかに「オフ・ホワイト」という言葉がある。この言葉は「真っ白ではなく、白以外の色がわずかに入っている色」を指す。人種は白を基準にしてどこまでのオフ・ホワイトが「白人」という概念に含まれるかの闘争なのである。チカーノも同様の戦いに巻き込まれつつ、それを逆手にとっている面がある。マサチューセッツ芸術大学の歴史学教授、ノエル・イグナティエフは

『なぜアイリッシュは白人になったのか』で、人種概念の恣意性を踏まえて次のように述べる。「アイルランドで作り出された人種（エスニックではない）の境界線は、アメリカではエスニック（人種ではない）の境界線として組み直された[1]」。イギリス人との対比のなかで差別化されたアイリッシュは人種化され、アメリカにおいてはエスニックとして捉えられたうえで白人の下位集団におかれたのである。人種という言葉の内実は、他者との関係性を通して帰納的に示されるしかない。いずれにしても、黒人が基点になることはなく「オフ・ブラック」という言葉は存在し得ない。しかし、黒人が大多数を占める社会において白人の血が入る場合には事情は異なる。一九世紀の中頃に二〇年間あまりハイチの大統領として君臨したジャン・ピエール・ボワイエは、他の黒人とは異なりフランス人の父をもつムラートであるという理由でパリにまで留学し、何度もフランスを訪れ、生涯をパリで終えている。

いま引かれている境界線がある人びとにとってのみ都合のよいものならば、それは変えなくてはならない。マルティニーク生まれの精神科医で革命家でもあるフランツ・ファノンは『黒い皮膚・白い仮面』で「白い仮面」をつけようと主張したわけではなく「黒い皮膚」の価値を主張しようとしたわけでもない。構造自体を破壊しようと試みたのである。二項対立自体に問題の本質があることを彼は見抜いていた。「私の生はニグロの価値の明細書の作製に費やされるべきではない。白い世界はない。白い倫理はない。ましてや白い知性はない。世界のいたるところに探し求めている人間たちがいる[2]」。白人にとって都合のいい価値観や倫理を認めて上昇を目指したり反旗を翻したりすることの空虚さについてファノンは繰り返し述べている。「ニグロは存在しない。白人も同様に存在しない」という立場をチカーノは共有している。「どうしてもっと単純に、他者に触れ、他者を感じ、みずからに他者を啓示しようと試みないのだろうか」[3]。当時すでに公民権運動の先を見据えていたファノンは、私たちがいまだに抱えている人種に関する困難さを先取りしている。ホワイトネス（ブラックネス）概念は私たちの認識の奥底にまで影響を与え続けている。

他方で、イェール大学のマシュー・フライ・ヤコブソンが述べたように、ホワイトネス概念は「偶然性」[4]から生成した面が多分にある。多くの民族の系譜もまた偶然性に左右されている。既存のパラダイムはさまざまな思惑のなかから意外な方法で構築されたという面があるのは否めない。その偶然性とは政治経済や人びとの「思い」なども含めた無数のファクターによって予測不可能な状況で形成されたということである。混血性をアイデンティティの源としているチカーノはとりわけその混沌の渦中に放り込まれ続けてきた。たとえば、チカーノの通史によれば、大恐慌時代には、通常は反目しあっている黒人と白人が共謀してチカーノを労働市場から追い出そうとしたことがある[5]。状況によって境界線は何度も再構築され、したがって「白人」や「民族」の境界線も都合よく変えられていく。チカーノによって蓄積されてきた「混血性の政治学」の意義が重みを増している理由はそこにある。一方で、現実社会に目を向ければ、そのような恣意的な境界線に疑義を呈するさまざまな運動が「野蛮な力や狡猾さというものが虚弱さと無垢にたいして勝利」[6]している不幸な状況を解消させているわけではない。カラーラインが抱えた問題は形を変えて私たちを呪縛し続けている。差別と不平等は依然として存在し「真善美」（デュボイス）を追求する社会からはいまだほど遠いと言わざるを得ない。

「言語」を国家言語と同一視してあたかも「数えられる」と錯覚しているように、民族もまた本来的には不可算名詞であろう。言語や民族を可算名詞とする発想は、混血性を否定する発想とまっすぐに結びついている。境界線を引くという行為は二項対立のパラダイムを採用し、両者を同じ地平でのみ語ろうとする傾向につながる。言葉や人間を「研究」するには、どこかで境界線を引いて名称をつけなければならない、という前提を問う必要がある。なぜ「人種」や「民族」や「国家」は成立し、存続し得たのかという根源的な問題である。それと並行して、同一の共同体内における複数の共同幻想を同時に追う必要もある。もちろん各々の共同性は同じカテゴリーに置くことはできないから数えることはできない。たとえば、同じ人間が書く「事務的な文書」と「手紙の文面」と「日記の文章」を同列に扱えないことと似ているかもしれない。人びとは同時に複数の現実と歴史を生きている。歴史を語る際に何が目的で何を語りたいのかまで考える必要がある。

念を押すならば私は、単に比較研究のことを述べているのではない。出来事と出来事を結びつけている因果関係に対する想像力の強さを鍛えるための方途について述べている。それは時代を越えた縦の関係であっても、同時代における横の関係であっても同様である。ある民族に限定して論じる研究方法の陥穽のひとつは、固有の歴史を想定したうえで、閉鎖的な集団から直線的なエネルギーが生み出されていると錯覚してしまうところにある。歴史はディエゴ・リベラが描いた壁画「メキシコの歴史」のように、出来事が同じ場所に堆積し並立しているという視点をとることも可能である。時間は必ずしも直線に進むわけではない。大小の出来事は時間とともに蓄積し、ときにベクトルは反転し、過去と結びつき、さらには、外部に開かれている。そのような思考は、歴史に記述された大きな「出来事」のはざまに打ち捨てられた膨大な「人」と「モノ」の痕跡を露わにするだろう。私たちが着目するべきは、この廃墟のようになってしまった人とモノの方である。さまざまな視点で描かれる「文学」というジャンルを外すことができない理由はここにある。

一般的には、それぞれの民族はある時期に相互の関係性のなかでお互いの差異を認識しつつ生成する。他者と出会うことによって自らを発見し独自性を強化するのである。「距離が近くなればなるほど、境界を保つために差異化の力がより強く作用する[7]」という面があるからだ。たとえば、アイルランド系が当初、アメリカにおいて黒人と同様に差別される側にありながらやがて「白人」の仲間入りをするようになった経緯は、民族やエスニックが私たちの形而上的な思いの投影であることの証左である。アイルランドの民族運動指導者であるダニエル・オコンネルは、アイリッシュがアフリカ系と袂を分かつことになった理由を「時代の空気[8]（atmosphere）」と説明した。政治的な意図が強烈に反映しながらも、人びとがどの共同体に属しているかを認識し、さらに、その共同体に愛着を持つかどうかは複雑な回路によって成立する。それぞれの共同体は、比較するべき対象を前景化し、ときにはシェードをかけることによって、自らが望む立ち位置をコントロールしようとする。それにもかかわらず、多くの場合、ある共同体がナショナリズムを纏うようになるには「偶然性」や「空気」が必要とされたのである。「境界線の詩学」においては、境界線を排他的とは捉えず、大文字の歴史だけに問われず、偶然性や空気が醸成する歴史への影響までも視野に入れるため、「既存の」ヒエラルキーのなかで生き残るための相克という既存の「歴史」だけを対象とはしない。根底に流れる集団同士の共通性と異質性を探索することにも目を向けるのである。

チカーノ生成の根底に流れる他の集団との共通性と異質性を模索した最初は、アメリコ・パレーデスだった。多くの文学作品や「グレーター・メキシコ」などの概念を通して「チカーノ」という概念を創造したパレーデスは、既存のパラダイムから織りなされる歴史とは異なる歴史について考え続けていた。彼が提唱したグレーター・メキシコとは、血縁や市民権ではなく「文化的感覚（cultural sense）」によって結ばれる共同体のことである。パレーデスのもっとも正統な後継者であるラモン・サルディバルはパレーデスの評伝である『文化のボーダーランズ』のなかで、公民権運動以降にできた「チカーノ」という概念は、米国を鏡として同じような境遇にあった「日本」に影響を受けて構築されたと述べている(9)。つまり「プロト・チカーノ」はアメリカに占領された戦後の日本人を原型として創り出されたのである。一八四六年に勃発した米墨戦争後にアメリカに占領された故郷の「リオ・グランデ下流域」を、パレーデスは一〇〇年後にアメリカに焼け野原にされた「日本」と重ね合わせたのである。「敗戦を迎えた日本人が、アメリカの占領下でこれまでとは異なった生活を送らざるを得ないことを、私は他人事とは思えないのだ」とパレーデスは記している。一八四八年にアメリカに土地を占領されたメキシコ人と一九四五年に実質上アメリカに土地を奪われた日本を結びつけることができるのは、民族概念における虚構性と混血性による操作性のためであり、それを支えているのはメキシコ人の歴史把握の特異性であろう。日本とメキシコの歴史のあいだに補助線を引くことのできる感性を「境界線の詩学」は求めているのである。

エルナン・コルテスが一六世紀初頭にアステカ帝国を征服し、やがて妻となるパイナラの族長の娘と出会った時点からチカーノの系譜は始まる。実母によってマヤの商人に奴隷として売られるなどの数奇な運命からナワトル語とマヤ語を解したマリンチェと呼ばれる女性は、やがてスペイン語を習得しコルテスの「舌」となって、旧大陸と新大陸のあいだに橋をかけた。コルテスという「神」の言葉は彼女を介してインディオたちに伝えられ、被征服者の言葉はマリンチェを通して「神」であるコルテスに伝えられた。言語とそれに付随する「思想」や「感覚」などを変換するブラックボックスは彼女に託されたのである。ある言語とある言語をひとつの身体内で変換するという作業をこれだけ大規模に行ったという点において、マリンチェはスパングリッシュのような混成言語の原点でもある。しかし、スパングリッシュが基本的にはスペイン語と英語という国家言語の混合体であるという点で、マリンチェの生きた時代とは事情は大きく異なる。すでに成立してしまった国家言語を混成させたとしても、国家言語が成立する以前の言語に戻ることはできないからである。マリンチェが行った、国家言語が成立する以前の言語を変換する作業は、言語を成立させている世界観の成り立ちにまで踏み込む作業であったことは想像に難くない。そのような困難な状況のなかで、通訳や翻訳の作業によって境界線と共同性を構築した彼女の立っていた場所は、まさにボーダーランズであった。

言語とともに彼女は血の遺産も生み出している。コルテスとのあいだに生まれた息子マルティンである。混血の民であるメキシコ人にとっての起源に位置する人物と言える。メキシコ人とチカーノは自らの肌の色や日常的に話している言語を通して、起源の歴史を「身をもって」生きているのである。彼らの世界観や家族観などはこのような状況を抜きにして語ることはできない。メスティソの身体をもつメキシコ人は、五〇〇年以上前の「母、裏切り者、宇宙人種のイブ」[10]であるマリンチェを存在の根源に感じている。その系譜はきわめて確かな事実として受け継がれている。しかし、歴史の出来事を語る唯一の視点が存在しないように、あらゆる「事実」は時代時代の検証を待っている。その点について、チカーノ詩人のアルフレッド・アルテアーガは、マリンチェについてのエッセイ「性と人種の美学」で「集団」と「歴史」の関係性について興味深い意見を記している。

いまとなっては中身を確認しようもないマリンチェについて書かれたテクストが身体化されることで、マリンチェは今日も生き続けている。その実在の女性は私たちの知識には影響を及ぼさず、痕跡として歴史のなかに存在する。しかし、帝国のプロジェクトとともにその痕跡は身体化され、私たちの目と精神にとって身体となる。帝国、植民地、建国、革命の観念上の作業、そして、父権制、カトリック、マチスモ、さらには、チカーナ・フェミニズムの道具がきわめて空虚なテクストを身体化し、マリンチェの持続を確実なものとしているのである。[11]

「空虚なテクスト」はテクストの零度でもある。そこで描かれたマリンチェはのちの言説によって身体化され、新しい「事実」が創造される。そうアルテアーガは述べている。「空虚なテクスト」の解釈と物語には無数の分かれ道があった。彼らがメスティソであるという事実から逃れることはできないとしても、系譜のなかで逸脱と歪曲が紛れ込む可能性はいくらでもあった。歴史をねじ曲げようとする力は、その時代の権力やその他の力に影響を受けて、歴史は方法論と視点とイデオロギーの攻撃にさらされている。他方で、テクスト以外の歴史が存在している。土地土地が有している記憶、人びとによる儀式や民芸品、その他多くの痕跡が人工的な「歴史」の影響から生き延びている。あるいはまた、過剰な意味づけがなされていない、限りなく零度に近いテクストの存在に立ち戻ることもできる。コルテスの征服に付き従ったベルナル・ディアス・デル・カスティーリョの『メキシコ征服記』には、マルティン・コルテスが誕生する一〇年以上も前に、ある先住民の女性がスペイン人とのあいだに子どもをもうけていたという記述がある。そのスペイン人は、パロス出身の船乗りでゴンサーロ・ゲレーロという名前の男性だった。一五一一年に難破してユカタン半島のキンタナ・ローに流れ着き、マヤの奴隷となり三人の子どもを授かったとされる。これが事実とするならば、ゲレーロと現地の女性こそがヒスパニックのアダムとイブなのであり、その三人の子どもこそがプロト・ヒスパニックであった。この「もうひとつの物語」においては、他者の文化を積極的に取り入れたのはインディオ「女性」ではなくヨーロッパ白人「男性」の方であった。さらに、カスティーリョの記述によると、コルテスの通訳はマリンチェだけではなくヘロニモ・デ・アギラールというスペイン人男性も重要な役割を果たしている。「支配する男性白人」と「支配されるインディオ女性」という関係は、勝者である征服者にとって都合のいい物語だった。前述したアルテアーガはこれについて「ゴンサーロ・ゲレーロもマリンチェも生身の人間だったに違いない。それぞれのテクストはあまり残っていないが、ゲレーロには女性であるマリンチェに付加される美学的かつ観念的な現実感が欠如していたのである[12]」と記している。テクストの空虚さはアルテアーガの言葉を借りれば「美学」によって誘導され書き換えられ補強される。歴史の「美的選択」によって可視化され身体化される。その時代を生きる人びとの欲望が空虚なテクストを「歴史」に書き換えるのである。チカーノを束縛する強迫観念は、歴史的な要請によって意図的に抽出されたナラティヴであった。何が選ばれるかは、個々人や共同体、あるいは時代と空間による美的選択の影響を受けている。コルテスはマリンチェを通して「肌の白い女性」を差し出すようインディオたちに命令したが、白と黒の美的選択もまたここに起源がある。いまを生きるインディオたちの美学もまた偶然に翻弄されている。ある美的選択の傍らには選ばれずに語られなかったいくつもの観念が捨て置かれている。視点を変えれば、歴史はさまざまな相貌で何度も私たちの前に姿を現す可能性を秘めている。

私は零度の地点につねに立ち戻ることに意義を見いだしているわけではない。虚構や嘘や幻とされていた事柄の意味について再考したいのである。たとえ嘘だとしても、人びとに強烈な印象を与えたのならば、それは人びとの心象風景に刻み込まれるだけの理由があり、場合によっては新たな「事実」となりうる。人はときに自ら幻覚やフィクションを渇望する存在なのではないだろうか。その理由は、出来事と出来事のあいだには暴力的で広大な「自然」が横たわっているからに相違ない。出来事と言説のあいだにも広大な「自然」が横たわっている。自然は凶暴すぎ、人間の欲望は複雑すぎるから、人はさまざまな形のクッションをおいた。自然というとらえどころのない存在から、どのようにして情報を得て身を守るかについて考えた。自然から人間への文脈に変換する際にナラティヴを利用し、未知の情報を与えてくれるツールを私たちは求めた。理解不能な事実よりも納得できる物語を通して、人びとは世界を生き延びたのである。

チカーノの民謡であるコリードは口承文芸のようにして、当該の共同体に属する構成員全体の思いが反映されている。しかしその内容は事実ではないかも知れない。チカーノの歴史のなかで英雄として屹立しているホアキン・ムリエータやグレゴリオ・コルテスが実在したのかを問い直す作業が不可欠であるとともに、彼らを存在せしめている背景についても「境界線の詩学」は考慮するべきではないか。そして、グアダルーペの聖母の奇跡は、彼らの心のなかにたしかに生き続けている。事実か否かよりもそのような物語が現れた現象の方に重きをおくべきであろう。歴史考察において想像力の重要性を重視していたパレーデスとほぼ時を同じくして、同様の問題意識を抱えていた日本民俗学の創始者である柳田国男は『山の人生』のなかで次のように書いている。

「うそ」と「まぼろし」との境は、けっして世人の想像するごとくはっきりしたものでない。自分が考えてもなおあやふやな話でも、何度となくこれを人に語り、かつ聞く者がつねに少しもこれを疑わなかったなら、ついには実験と同じだけの強い印象になって、後にはかえって話し手自身を動かすまでの力を生ずるものだった。[13]

「山人」や「常民」を想定する柳田の発想は、文化的感覚によって人びとを結びつけようとしたパレーデスの方法論と近い。日本滞在中に政治経済からサブカルチャーまで満遍なく日本を観察しながら日本人とチカーノのあいだに補助線を引いたパレーデスの足跡は、出来事と出来事のはざまに横たわるボーダーランズを開拓するうえで、さらに有効性を増していくと思われる。

# IX　ボーダーランズの構築——アメリカスと不法移民

南北アメリカを同時に視野のなかへ収めていこうとする「アメリカス」という発想は、アメリカにおけるラティーノ人口の増加とともにその有効性を増している。一五〇年あまり前にアメリカの帝国主義的戦争の結果によって引かれた米墨間の国境線が、従来の機能を少しずつ果たせなくなっている現状はそのひとつの証左である。

国家原理を是として国境線のもつ意味を顧みることなく受け入れるならば、メキシコ以南からの不法入国者は文字通り「不法」であることによって処罰されなければならない。しかし、国家のあり方自体が再考されると同時に、国家原理の基準のもとに成立した「法律」や「常識」の経緯にも目を向ける必要があるだろう。

たとえば、アメリカの歴史では、帝国主義的戦争の嚆矢である米墨戦争に大きく紙幅が割かれることはなかったが、この戦争をフロンティアという肯定的なイメージのなかで隠蔽しその意味を看過してしまう姿勢が、現代にまで続くアメリカの外交姿勢を象徴している。また、米墨戦争を検討することなしに、その直後に勃発した南北戦争の歴史的な意味を正確に把握することはできず、アメリカ全体の歴史を正しく捉えることはできないだろう。「不法」であるか否かはその議論の延長上にある。

アメリカスという発想は、国家原理とは相容れない状況を捉え直すことによって、既存の枠組みを再考する試みの一環として位置づけられる。つまり、近代的な思考方法に基づくパラダイムを自明のものとして受けとるのではなく、前近代的またはラテンアメリカ的な発想をも取り込むことによって、来たるべき社会のあり方をヴィジョンとして提示するのである。したがって、北アメリカと南アメリカを従来の思考方法のなかでただ併置することによっては、アメリカスを語ることにはならない。

たとえば、北アメリカと南アメリカが地理的に交錯する米墨国境地帯は、NAFTA（北米自由貿易協定）がもたらしたマキラドーラや、コヨーテが暗躍するミグラとの闘争の場であるとともに、さまざまな文化と思考方法、空間と時間が往来する場所でもある。この場所で、アメリカの論理を一方的に当てはめてみても十全な理解にはつながらず、そこから逸脱してしまう人びとを捉えることはできない。

かつて国民国家の形成期に、国境線はそれぞれの文化や言語や人びとの特徴をなかば強引に作りだすことによって、国家のアイデンティティを創造した。米墨の国境線が作りだした「プロテスタントとカトリック」「英語とスペイン語」「第一世界と第三世界」という人工的な世界の現出は、国家原理を通して想定された形而上的な虚構を前提としている。その土地の上で起きている流動的で複雑な社会の内実を考慮することなしに、国家は認識上の境界線を土地と人びとにあてはめようとしてきた。その際に、多くの人びとは自分自身を偽って国家に合わせるか、または、国境線の向こう側へと脱出するか、あるいは国家と反目する立場をとらざるを得なかった。

しかし一方で、私たちは長い年月をかけてすでに国家を単位とした語り方に慣らされてしまっていることも事実である。歴史も地理も経済も政治も国家を単位として語られ、そのことを教育過程の段階からすり込まれている。逆に言えば、国家が延命するために教育は利用されているとさえ言える。そして、国連もオリンピックもワールドカップも国家という単位を自明のものとして採用している。

したがって、「アメリカス」の方法論について考えるためにはまず、国民国家に居心地の悪さを感じている人びと、国家から正規のメンバーとして承諾されていない人びとが築いてきたコミュニティに焦点を当てる必要がある。国家原理との矛盾を抱えている人びとこそが、国家原理のもつ陥穽を正確に言い当てることができると考えられるからだ。

国家の内部にいるという一体感から生まれる「想像の共同体」は、空間的・時間的な境界線の内部におかれている自分をメディアを通して俯瞰的に「想像」した。しかし、アメリカスによる「想像のコミュニティ」は、境界線を使って時空間を分断することで安定を求めることなく、人間の「感情」や「表現」を媒介にしてお互いに結びつく。チカーノが使用する時空化の通路であるグアダルーペの聖母のような「偶像」や、アストランのような「起源の神話」、または歴史上の数々の「英雄」は、人びとを結びつけるツールとして機能しているのである。

近代的な「想像の共同体」ではなく前近代的かつポストモダンな「想像のコミュニティ」がどのようにして共同性を構築しているかを「偶像」や「神話」や「英雄」などから見ていくことは、北アメリカと南アメリカを融合させようとするアメリカスの方法論ともつながっている。境界線の向こう側に作り上げた他者を鏡として、自らの存在をそこに映し出して確認するのではない方法論である。鏡に映るのはごく一握りの人に過ぎない。そのような国家の歴史を相対化する「ボーダーランズの歴史」は、勝者の歴史を書き残してきた「国家の歴史」とは異なり、私たち自身が参加することのできる歴史である。近代的な境界線の論理に束縛されないアメリカスの方法論に意識的になることによって、国家の歴史をボーダーランズの歴史へと徐々に書き換えつつ、すべての人が参加できる「歴史」を構築することができるのではないだろうか。

＊＊＊

アメリカスは「国家の歴史」では記述されず「ボーダーランズの歴史」を通して語られる。「国家の歴史」においては当該の国民国家のレゾンデートルを脅かすような事象については避けられ、首都から距離的に遠くにある地域（国境地帯）も「歴史」に組み込まれることはない。また、国家は首都に集約されたある特定の意志に基づき、国家自体を生き延びさせるために勢力を維持するため、ある方向を志向する。アメリカがかつてラテンアメリカを裏庭のように捉えて北から南へと介入したのも国家の属性としての行動である。

しかし、いまではベクトルは南から北へ、あるいは西から東へと逆流し、さらには拡散するようになっている。一九世紀の北アメリカが西漸運動という東から西へのベクトルのなかでメキシコ領を割譲し、さらに南に向けてその矛先を向けていた時代から、西から東、あるいは南から北へと人や文化の流れは多様化しているのである。ボーダーランズの歴史は、首都から地理的にも思想的にも離れた多くの人びとを記述し、従来とは異なる人やモノや文化の流れを書きとめようとする。

ここであらためて確認しておきたいのは、東西軸や南北軸の転換のなかでラティーノの存在があらためてクローズアップされるようになったとしても、彼らは北アメリカに集団として初めて到達したヨーロッパ人（スペイン人）の末裔であり、先住民であるインディオの血さえも流れているという事実である。彼らは歴史的な経緯からさまざまな血を抱え込む「混血」性を特徴とし、それによって、国家原理に基づく「純血」を志向する考え方と衝突し、アメリカのなかの「他者」と位置づけられてきた。アメリカはラティーノを不純な他者として設定しつつその残余としての「アメリカ的なるもの」を構築してナショナリズムを喚起してきた。国家を成立させるためにはラティーノを不可視のものとして排除しなければならなかったのである。もちろん、他者はラティーノだけではなく、インディアンや大戦期の日系人など時代によってさまざまな集団が含まれる。ラティーノが可視化されたのは、彼らの人数が増加したというよりも、隠されていたベールが取り払われるようになったという側面もある。

近代的な境界線によって他者を作りだした行為は、アメリカを必然的に南北アメリカへと分けることになったが、アメリカスの方法論の最終的な目的地は、「アメリカス」を再び「アメリカ」と単数の言葉に戻すことである。人びとのあいだに壁を築くことでアイデンティティを生みだし、闘争と調停のなかで共生するのではなく、壁を作ることなしにコミュニティを併存させる方法論について考えていかなければならない。それが「ボーダーランズの歴史」の記述方法でもある。

チカーノたちが作りだすさまざまなアートや文学はそのような認識の境界線を「越境」するための有効な手段となっている。国家の存在を確認し強化するために設定されてきた「国民文学」に馴染まないチカーノの表現方法は、時間と空間を越えて同じ境遇にある人びとを結びつける。その認識を支えているひとつの要因は、アメリカのサウスウエストが抱えている時空間の多様性であろう。古代インディアンのロック・アート、スペイン人宣教師の残した教会、メキシコ人やその他のマイノリティの痕跡が、同じ平面上に混在しているという稀有な環境は、人口密度が低く極度に乾燥している自然環境がもたらした結果であるが、サウスウエストを居ながらにして時空間を越えることのできる特権的なトポスにしているのである。

一方、近代に生きる人びとにとっては人工的な国境線を越えることがすなわち「旅」であり「移動」であった。人工的に作りだした境界線を越境することで時空間の移動を実感することができたのである。境界線は時間と空間を不可逆的に排他的に分断する性質を持ち、そのようにしてものごとを理解し、冒険的な「越境」はじつは自ら張り巡らした境界線の存在を前提とした。

しかし、情報機器の発達にともない人工的な境界線は増殖し、越えるべき境界線は私たちの周りに無数に存在するようになった。近代的な境界線はその性質を変容させていったのである。興味深いことに、前近代的な生き方に自らの紐帯を見いだすチカーノの家庭にあるオフレンダ（祭壇）のように、近代世界の住人はテレビのモニターを通して向こう側の世界を一瞬にしてこちら側へ引き寄せる。チカーノのギリェルモ・ゴメス＝ペーニャが行うパフォーマンスは、このようなモダンとポストモダンを攪乱させることによって立ち現れる領域にきわめて意識的で、米墨国境地帯での出来事を再現しようとしている(1)。

したがって、ボーダーランズの歴史は、単に近代以前の世界を夢想して描くことではない。近代を一度経験した私たちが前近代の世界にそのまま回帰することはもはや不可能であり、実際、国境線はその役割を軽減させているとはいえ、いまでも厳然として存在している。もともとアモルファスな言語の状況が国家原理によって分離されるという経験を経た私たちにとって、それらが再び融合するものはチカーノたちの話す身体化された「カロ」ではなく、国家言語が融合した「スパングリッシュ（エスパングレス(2)）」なのである。

ボーダーランズの歴史は時間軸と空間軸に縛られることなしに、国家言語間の混淆言語をさらに多様化した言葉によって、表現方法そのもののなかに浮上するだろう。存在様態は表現方法の選択にかかっているのである。

＊　＊　＊

アングロを中心とした「アメリカ史」に対抗するために、チカーノをひとつの「国家」として捉えた近代的な語り口はギルバート・ゴンサレスらによってすでに行われている[3]。アメリカ自体を内部から相対化する試みは重要である。しかし、その意義は認めるとしても、ボーダーランズの歴史は近代的な語り口とは相容れない。国家的な発想とは異なる視点による研究は、ハーバート・ユージン・ボルトンの『スパニッシュ・ボーダーランズ[4]』から始まるとされる。彼はこの画期的な著作を残しただけではなく、ジョン・フランシス・バノンら多くの「ボーダーランズ研究者」を世に送り出した。現在まで続くボーダーランズ研究は、これらボルトン派が始めた研究に負うところが大きい。

彼らの業績の上にボーダーランズの歴史への取り組みはなされ、一九四〇年代のジョージ・I・サンチェスの『忘れ去られた人びと[5]』、一九五〇年代のケアリー・マックウイリアムズの『メキシコから北[6]』、そして、一九六〇年代のアメリコ・パレーデスの『ピストルを手に構えて[7]』が、その時代を代表する著作としていまでも大きな影響力をもっている。

公民権運動およびチカーノ・ムーブメント以降は、メキシコ系アメリカ人が「チカーノ」という名前を選び出すことによって、自らの存在をより意識化した多彩で戦略的な著作が登場することになった。ロドルフォ・アクーニャ『占領されたアメリカ』[8]、マリオ・バレラ『サウスウエストの人種と階級』[9]、アルベルト・カマリージョ『変化する社会のなかのチカーノ』[10]、マリオ・ガルシア『見捨てられた移民』[11]、リカルド・ロモ『イースト・ロサンゼルス』[12]、トマス・シェリダン『ツーソンの人びと』[13]、デイヴィッド・モンテハーノ『テキサスのアングロとメキシコ人』[14]、ロバート・アルバレス・ジュニア『ファミリア』[15]などをあげることができるだろう。

その流れのなかでも、一九八七年にグロリア・アンサルドゥーアが世に問うたポストモダンな趣をもつ作品は[16]、チカーノ研究に画期的な意味を付与し、それ以降のチカーノ研究の方向性を決定づけた。ホセ・リモン『悪魔とのダンス』[17]、クレア・フォックス『フェンスと川』[18]、エンマ・ペレス『反植民地的想像』[19]、パブロ・ビラ『越境』[20]などはその影響下のなかに書かれたと言える。

アンサルドゥーアが「ボーダーランズ／ラ・フロンテーラ」として立ち上げたトポスをひとつのコミュニティに見立て、テクスト集を作る試みもすでに何度か行われている。国家による文学を相対化するボーダーランズの文学の試みである。トム・ミラー編集の『エッジで書く』[21]、ジョン・ウイリアム・バードらが編集した『完全なるボーダー』[22]、イラン・スタバンスが編集した『レングア・フレスカ（最新のことば）』[23]がそうである。とくに、最後の作品では、国家原理のなかの「文学」

や「国民文学」にはけっして含まれないような表現形式を採録し、現時点での「ボーダーランズ文学」の到達点はこの『レングア・フレスカ』にあると言ってもいいだろう。そこでスタバンスは文学という表現形式自体に限界を感じとっているようである。

もちろん、そのような斬新な発想にたどり着くまでには多くの研究の成果が礎となっており、とくに、米墨戦争当時に大衆に享受されながら国家の歴史のなかで打ち捨てられてきた文学やその他のテクストの発掘は重要である。デイヴィッド・ウェーバーは当時書かれた文章や証言を分析し[24]、ヘナロ・パディーリャは自伝作品に焦点を当て[25]、シェリー・ストリービーは米墨戦争時に人びとに読まれていた無数の小説を収拾して詳細な分析を加え[26]、クリステン・シルバ・グルーエスは『文化の使者たち[27]』で、忘れ去られたラティーノたちの記述に再び光を当てた。

あるいは、征服されるインディアンの側からフロンティアを描写したロバート・アトリーの『インディアン・フロンティア[28]』、「西部」史の代表的著作であるパトリシア・ネルソン・リメリックの『征服の遺産[29]』、その他、ニューメキシコに焦点を当てたエルリンダ・ゴンサレス=ベリーの『コンテステッド・ホームランド[30]』など、アメリカ史を相対化するような研究が多数残されている。

そのなかでもラティーノの都であるロサンゼルスの歴史は、彼らにとって特別の意味をともなっていた。レオナード・ピット『カリフォルニオスの衰退[31]』、リチャード・グリスウォルド・デル・カスティーリョ『ロサンゼルス・バリオ[32]』、ロドルフォ・アクーニャ『エニシング・バット・メキシカン[33]』、マイケル・ディアらが編集した『ポストボーダー・シティ[34]』、リサ・ガルシア・ベドーリャ『流動的ボーダー』[35]、エンリケ・オチョーアらが編集した『ラティーノ・ロサンゼルス』[36]などをあげることができるだろう。

また、米墨の国境線を越えて編まれたいくつかのアンソロジーは、ボーダーランズ文学への試みであり架け橋である。メキシコ人作家とチカーノの作家を融合する試みについては、キューバ系を代表する作家クリスティーナ・ガルシア編集の『ボーダリング・ファイアーズ』[37]、ラティーノ作家とラテンアメリカ作家の融合は、イラン・スタバンス編集の『ミューチュアル・インプレッションズ』[38]がある。

さらに、国家原理を相対化するような米墨国境地帯の特権的な状況は、「ボーダー」分析の思想的な研究を大いに刺激した側面もある。カルロス・ベレス＝イバニェス『ボーダー・ビジョン』[39]、ホセ・デイヴィッド・サルディバル『ボーダー・マターズ』[40]、スコット・ミカエルセンらが編集した『ボーダー・セオリー』[41]、ウォルター・ミグノロ『ローカル・ヒストリー／グローバル・デザイン』[42]などでは、チカーノの行為を思想的な枠組みのなかに位置づけようとした。その他、マイク・デイビス、ラモン・サルディバル、ルイス・アルベルト・ウレアら、すでに名の知れた作家や研究者たちによるボーダーランズを描写するためのテクストや研究の蓄積が存在する。

確認すべきは、国家原理のなかで存在を看過された資料を発掘する実証主義的研究を、アメリカスの方法論のなかに位置づけて考えることである。国家原理とはそぐわないという理由で捨てられた資料が国家によって利用されてはならず、そのためにも「ボーダーランズの歴史」という思考方法を立ち上げ、そのことを念頭におきつつ研究することが肝要だろう。

多文化や多民族を既存のパラダイムのなかにおくことは、これまでの歴史記述をリードしてきた民族を上部におく構造を受容し、それぞれの文化や民族がサブディヴィジョンであることを確認することにしかならない。あるいは、マイノリティをマジョリティとの対比のなかでいくら声高に論じても、その構図自体に疑問を呈さないのであれば、少数者が獲得できるものは最初から限られている。抑圧している対象に正面から抵抗するのは政治的に正しい行為であるが、必ずしも方法論的に正しい態度とは限らないのである。

チカーノやラティーノがボーダーランズから発している聞き慣れない声を、こちらが慣れ親しんでいる社会のなかで解釈しやすい面だけを理解し、再び国家原理のなかに布置するべきではない。あるいは、彼らの声の一部を取り上げて都合よく既存の分析方法のなかで脱色し領有し利用してしまうような行為も同様である。「アメリカ国内」の特殊な地域としてボーダーランズを取り上げるのではなく、私たち自身の問題として引きつけるための方法論に意識的にならなければ、彼らの声は国境地帯から一歩も外に出ることはないだろう。

他者の声をその感情や意図とともに完全に聞き分けることは不可能であるにしても、一人一人の「わたし」というアイデンティティは思いもかけない声に乗って届くという想像力なしに、国境地帯から発信される豊穣なテクストを読んでも意味がない。サウスウエストに堆積された廃墟を時間の堆積として変換して感知し、従来の歴史が選びとらなかった時間を透視することのできる視力がいまこそ求められているのである。

# X

# 〈沈黙に宿る風景〉〈アーバン・トライブ宣言〉

## 〈沈黙に宿る風景〉

祖母がかつて収容されていたマンザーナ強制収容所と周囲の砂漠を区切る鉄条網。その背景にあるシエラネバダ山脈は、いま私が住んでいる長野県駒ヶ根市の自宅から見える中央アルプスの景観とよく似ている。祖母は結局、生まれ育った静岡については何も語らずに、三世紀を跨いだ人生(一九〇〇―二〇〇三)の幕をロングビーチでそっと閉じた。人は生まれた場所はともかく「死ぬ場所だけは選ぶことができる」というわけだ。一〇代の終わりに太平洋の向こう側を見つめたであろう祖母の視線の行く先を、私も再体験してみようと何度か試みてきた。

再び帰ることのない旅はすでに「旅」ではなく、そういう思いで移動することを私たちはもう想像することさえできない。「ほとんどの出来事は言葉にできない」という事実から目をそらすことによって、私たちはもうひとつの世界を生きた。人が記憶というある種の「歴史」を携えて土に帰るときに「この地球上からいったい何が失われるのだろう？」と私はいつも考えるのだけれど、記憶という歴史を自分の好きな土地に埋める作業にただいそしんだ。

私がやっと収容所を訪れたのは祖母が亡くなってから数年後のことである。そのときも、この荒れ果てた大地を「訪れる」という行為に意味を感じとることができないでいた。「訪れた」という認識を捨てれば、たとえ一度も訪れたことがなくても、私たちはいつでもマンザーナに「戻る」ことができる。聖地など存在しないように、地球上に特別な場所など存在しない。

スピードオーバーで何度か捕まったことのある殺風景な道の先にその場所はあった。そこは、アイルランドとメキシコの血を引くラルフ・ラゾが、日系人でもないのに友達を追うようにして自ら赴いた「文化の十字路」でもあった。多民族が集まる「Boyle Heights」での「Street Meeting」は、いつしか「Camp Meeting」となり、彼の収容所での識別番号「No. 21019」は「Mexican L.A.」と「Japanese L.A.」の「border」を表す記号となった。もちろん「No. 21019」は彼のかけがえのない肉体を表象する記号でもあった。

名前に宿る魂は肉体が朽ちるとともに土に帰るから、数字は固有名詞よりもはるかに雄弁である。地上において「固有」の名に値するような特別な人物や土地や時代や経験など存在しないことを、私たちはそろそろ悟るべきではないだろうか。

特権的な空間や時間を称揚するような態度が、リロケーション・キャンプの「柵」を物質化し、米墨国境の「フェンス」を物質化し、ゲイティッド・コミュニティ（要塞都市）の「塀」を物質化した。私は国境を越えようとする子供や大人を目撃するたびに、彼らが越えようとした目に見えないボーダーのことを考える。どのような言葉を駆使しようとも、イヤになるほど「自分」という刻印がそこには押されている。語れば語るほどセカイは遠ざかっていく。コロンブスが島々に名称を与えていったように、私たちは言葉によってセカイを掠奪していくが、じつはセカイは私たちを見放していくのである。

## 〈アーバン・トライブ宣言〉

「アーバン・トライブ」とは、これまでの、地域や人種概念を基盤にしたイデオロギーとは異なる原理が想定しようとする「部族」である。それは、世界を捉えるための新しいアプローチであり、ローカリティによって部族概念を設定してきたことによるさまざまな矛盾がいよいよ立ちゆかなくなった時代の、ひとつのヴィジョンを提示するものである。また、ローカリゼーションを強める方向でしか人間のアイデンティティは保証できない、という幻想からもわれわれを解き放ってくれるだろう。

日本やアメリカという国家の単位や、日本語や英語などの言語集団によって、人はつながりを確保するのだとこれまで思われてきた。しかし、じつは、そのような使い古されたユニットの頭上を越えて、あるいは地下（アンダーグラウンド）を通って、アーバン・トライブは旅をしていた。たとえば、難民や亡命者がもともといた国民国家の束縛や迫害から逃れてもなお、国境を越えたつながりを保っているのと同じように、観光客も、現代の新しいノマディックな部族としてのある形を示しうる可能性を持っている。しかし現代の観光客は、幻想のプリミティヴィズムを目的の土地土地の上に喚起させつつも、自らのトライブとしての存在を自覚できないでいる。だが、戦争へ行く兵隊が、同時代におけるもっとも勇敢な観光客であり、戦争を見物する観光客は、現代におけるもっとも日常化された戦士であることはもはや明らかだ。

一方で、反乱の戦士たちが歴史や神話から借用する符丁としてのサパタ（メキシコ革命期の農民運動の指導者）や、トゥパク・アマル（ペルー植民地時代のインディオ反乱の指導者、またインカ帝国最後の皇帝）という名前は、ある意味で、われわれの新しい部族の名前として呼び出されたものと言える。さらに、脱文脈化され非本質化された未開人の習俗は、いまやヘアスタイルやピアスィング、タトゥーとして、都市群島を貫いて広がる新しいトライバル・コンシャスネスの表明となりつつある。

国家という論理を押しつける力がいまだに歴然と存在しながら、一方でじわじわとアーバン・トライブをはぐくむ空間を作りつつある国境地帯。そこでは国境を挟んで、既存の世界地図から浮上したアトピックなボーダーランズを形成しようとしているようにさえ見える。だから、エルパソとファアレスは地域的隣接性によってではなく、ボーダーランズにおける部族意識によって結び合わされることによって、一体化したツインシティであると考えられる。ロサンゼルス（LA）がメキシコシティ（DF）になろうとしている（DFがLAになろうとしている）のと、国境間の町が一体化しようとしているのは、異なる場所に表れた同様の現象なのかもしれない。

アーバン・トライブにとっての安住の地はどこにもない。ただ、アーバン・アーキペラゴ（都市群島）というメタファーによって世界を作り直すという作業の休みなき継続のなかにのみ、新たな部族意識の内実が保証されている。アーバン・トライブたちの困難にして建設的な作業は、まだ端緒についたばかりなのである。

## 註

### I　境界線を溶かす言葉の力

（1）　Luis Alberto Urrea/ José Galves (Ilt), *Hymn to Vatos who will never be in a Poem* (El Paso: Cinco Puntos Press, 2000), p.5.

（2）　Guillermo Gómez-Peña, *Dangerous Border Crossers* (Routledge, 2000), p.77.

（3）　Rudolfo Anaya/ Francisco Lomeli, *Aztlán: Essays on the Chicano Homeland* (Albuquerque: Academia/ El Norte Publications, 1989), iii.

（4）　Rafael Pérez-Torrez, *Refiguring Aztlán* (Edited by Chon A. Noriega, *The Chicano Studies Reader: An Anthology of Aztlán, 1970-2010*, Los Angeles: Chicano Studies Research Center, 2001), p.214.

（5）　Richard Griswold del Castillo and Arnold de León, *North to Aztlán: A History of Mexican Americans in the United States* (New York: Twayne Publisher, 1996), p.127.

（6）　Guillermo Gómez-Peña, *The New World Border: Prophecies, Poems & Loqueras for the End of the Century* (San

Francisco: City Lights Books, 1996), p.26.

（７） Ibid., p.85.

（８） *Dangerous Border Zone*, p.12.

（９） *The New World Border*, p.178.

（10） Ilan Stavans, *The Essential ILAN STAVANS* (New York: Routledge, 2000), p.102.

（11） ヨセフ・ハイーム・イェルシャルミ『ユダヤ人の記憶／ユダヤ人の歴史』木村光二訳、晶文社、一九九六年、四三頁。

（12） ヴァルター・ベンヤミン「歴史の概念について」（浅井健二郎編訳『ベンヤミン・コレクションI』ちくま学芸文庫、一九九五年）六六五頁。

（13） 「言語一般および人間の言語について」（『ベンヤミン・コレクションI』）一一頁。

（14） Ilan Stavans, *Spanglish: the making of a new american language* (New York: Harper Collins, 2003), p.47.

## II　ロードという境界線

（１） ポール・ギルロイ『ブラック・アトランティック――近代性と二重意識』上野俊哉・毛利嘉孝・鈴木慎一郎訳、月曜社、二〇〇六年、三九頁。

（２） Cabeza de Vaca, Albar Núñes. *Chronicle of the Narváez Expedition* (New York: Penguin Books, 2002).

（３） 三浦雅士『身体の零度――何が近代を成立させたか』講談社選書メチエ、一九九四年。

（４） ジェラード・デランティ『コミュニティ――グローバル化と社会理論の変容』山之内靖＋伊藤茂訳、ＮＴＴ出版、二〇〇六年、一八三頁。

（５） ジル・ドゥルーズ『千のプラトー――資本主義と分裂症』宇野邦一他訳、河出書房新社、一九九四年、四三七頁。

（６） 同書、二四四頁。

(7) 杉田敦『境界線の政治学』岩波書店、二〇〇五年、一二頁。
(8) スタインベック『怒りの葡萄(下巻)』大久保康雄訳、新潮文庫、一九六七年、九一頁。
(9) スタインベック『怒りの葡萄(上巻)』大久保康雄訳、新潮文庫、一九六七年、五頁。
(10) サルバドール・プラセンシア『紙の民』藤井光訳、白水社、二〇一一年、三三頁。
(11) ガストン・バシュラール『水と夢』小浜逸郎+桜木泰行訳、国文社、一九四二年、一九頁。
(12) プラセンシア、二九頁。
(13) 同書、五四頁。
(14) 同書、五八頁。
(15) 同書、一九一頁。
(16) Helen Hunt Jackson, *Ramona* (The Modern Library: New York, 2005(1883)), p.19.
(17) ジャン・ボードリヤール『消費社会の神話と構造』今村仁司他訳、紀伊國屋書店、一九九三年。
(18) ヴィクトル・セガレン『〈エグゾティスム〉に関する試論/羈旅』木下誠訳、現代企画室、一九九五年、一三八頁。
(19) プラセンシア、八五頁。
(20) Lorna Dee Cervantes, *Emplumeda* (U of Pitsburg P, 1981), p.11.
(21) Arias, Ron. *The Road to Tamazunchale* (Temple: Bilingual Press,1987).
(22) Ramón Saldívar, *Chicano Narrative: The Dialectics of Difference* (The U of Wisconsin, 1990), p.127.

### III 境界線を越えゆく亡霊たち

(1) カント『純粋理性批判4』中山元訳、光文社、二〇一一年、七五頁。
(2) ジャック・デリダ『マルクスの亡霊たち』増田一夫訳、藤原書店、二〇〇七年、一一〇頁。
(3) 同書、一一一頁。

（4） Rodolfo Acuña, *Occupied America: A History of Chicanos* (Longman: New York, 2000), p.49.
（5） ホイットマン『草の葉（中）』酒本雅之訳、岩波書店、一九九八年、一四六頁。
（6） チャールズ・テイラー『近代──想像された社会の系譜』上野成利訳、岩波書店、二〇一一年、二六八頁。
（7） アントニー・D・スミス『ナショナリズムの生命力』高柳先男訳、晶文社、一九八八年、五二頁。
（8） Mario T. Garcia, *Luis Leal: An Auto/ Biography* (University of Texas Press: Austin, 2000), p.189.
（9） Rodolfo "Corky" Gonzales, *Message to Aztlán: Selected Writings* (Arte Publico Press: Houston, 2001), pp.2-29.
（10） ベネディクト・アンダーソン『比較の亡霊──ナショナリズム・東南アジア・世界』糟谷啓介他訳、作品社、二〇〇五年、三六三頁。
（11） Helen Hunt Jackson, *Ramona* (The Modern Library: New York, 2005), p.19.
（12） Ibid., p.359.
（13） カルロス・カスタネダ『呪術師と私』真崎義博訳、二見書房、一九七四年、一四頁。
（14） Ron Arias, *The Road to Tamazunchale* (Bilingual Press: Tempe, 1987), pp.102-8.
（15） アルフォンソ・リンギス『何も共有していない者たちの共同体』野谷啓二訳、洛北出版、二〇〇六年、二九頁。

## Ⅳ　日本とメキシコの境界線

（1） 「ハロウィン」と「死者の日」の融合と対立をメキシコ文化の側から描いたものとして、Claudio Lomnitz, *Death and the Idea of Mexico* (New York: Zone Books, 2005), pp.461-464.
（2） Jane Wehrey, *Images of America Manzanar* (SanFrancisco: Arcadia Publishing, 2008) は、写真を通して当時の様子を伝えている。マンザーナ強制収容所を舞台として描かれた小説に、Jean Wakatsuki Houston, *Farewell to Manzanar* (New York: Lauel- Leaf, 1973)、最近では、William Minoru Hohri, *Manzanar Rites* (Lomita: tE the Epistolarian, 2002) などがある。

（3）　一九四二年五月に一七歳だったラゾは自ら収容所に赴いた。友人は「なぜ収容所に入ったんだい？　きみは行く必要はなかったのに」と彼に問いかけると「そうだね、でも、ぼくたちの誰一人として行く必要はなかったんだよ」と答えた（edited by Brian Niiya, *Encyclopedia of Japanese American History: An A-to-Z Reference from 1868 to the Present* (New York: Checkmark Books, 2001), p.258)。また、次のような台詞が残されている。「ぼくのなかに日本人の血が入っていないとは誰にも言えないだろう？」（Mark Wild, *Street Meeting: Multiethnic Neighborhoods in Early Twentieth- Century Los Angeles* (Berkeley: University of California Press, 2005), p.1)。その他、Michael L. Cooper, *Remembering Manzanar: Life in a Japanese Relocation Camp* (New York: Carlos Books, 2002, p.28) や、ロナルド・タカキ『ダブル・ヴィクトリー』（柏艪舎、二〇〇四年、一二六頁）などを参照。彼は亡くなるまで日系アメリカ人と交流し、差別を克服するための活動に従事した。

（4）　Produced by Amy Kato, Written and Directed by John Esaki (2004). 日本での上映を実現した音楽会社「MUSIC CAMP」の宮田信氏は、パンフレットのなかでこの映画を次のように紹介している。「当時、移民者の多くは、人種が混在する貧しい地域で生活を共にしていた。舞台でもあるリトル・トーキョーに近いボイル・ハイツには、ユダヤ人、メキシコ人、アフリカン・アメリカン、そして日本人たちが隣人として暮らしていた。ラルフは、同じ高校に通う親友の日系家族と離れることを拒否し、彼らを乗せた行き先さえも知らされない列車に乗り込む。着いた場所は、砂漠に掘っ立て小屋を並べたマンザーナ収容所だった」。

（5）　シティ・テラスで生まれ育ちボイル・ハイツで英語を教えているフォスターは、チカーナとのあいだに三人の子供をもうけた。詩集『シティ・テラス』（Sesshu Foster, *City Terrace: Field Manual* (New York: Kaya Production, 1996)）の裏表紙に、チカーノ作家ルイス・ロドリゲス、日系詩人ローソン・フサオ・イナダ、日系ブラジル人作家カレン・テイ・ヤマシタが言葉を寄せているように、チカーノと日系人の結節点として位置づけられる作家のひとりである。彼が詩集の次に発表した『アトミック・アステックス』（*Atomik Aztex* (San Francisco: City Lights, 2005)）は、私たちが知りうる史実に反し、アステカ人が白人を支配しアメリカ大陸の覇者となる経緯を錯綜した文体で描いた、「補償的な歴史」を意図した実験的な小説である。

（6）　パレーデスは一九一五年にテキサス州ブラウンズヴィルに生まれ、戦後の数年間を軍の管轄にある「スターズ・アンド・ストライプス」の新聞記者として日本に滞在した。そこで日系二世の女性と結婚し帰国後に研究者となった。「メキシコ系アメリカ人」は「日本体験」を経たパレーデスの広範かつ多様な研究を通して、はじめて「チカーノ」として可視化され主体化された。のちのチカーノ・ムーブメント（メキシコ系による公民権運動）はパレーデスの業績なしでは為し得なかったと言える。一九九九年に亡くなるまでに多くの論文とともに詩集や小説も残した。

（7）　ベネディクト・アンダーソン『定本　想像の共同体――ナショナリズムの起源と流行』白石隆・白石さや訳、書籍工房早山、二〇〇七年、一二四頁。もともとはベンヤミンから借用された言葉である。「歴史という構造物の場を形成するのは、均質で空虚な時間ではなくて、〈いま〉によって満たされた時間である」（ヴァルター・ベンヤミン「歴史の概念について」『ボードレール』野村修編訳、岩波文庫、一九九四年、三四一頁）。

（8）　アンダーソン、八五頁。

（9）　Robert M.Atley, *Indian Frontier: of the American West 1846- 1890* (Albuquerque: University of New Mexico Press, 1992), p.233. 一八九〇年に作られた「西部のインディアン・リザベーション」には、人工的に正方形や長方形で区画されたインディアンの土地が示されている。

（10）　David Harvey, *The Condition of Postmodernity: An Enquiry into the Origins of Cultural Change* (Oxford: Blackwell, 1989).

（11）　ミシェル・フーコー「他者の場所――混在郷について」『ミシェル・フーコー思想集成Ⅹ――倫理／道徳／啓蒙』蓮實重彦＋渡辺守章監修、筑摩書房、二〇〇二年、二七六―二八八頁。

（12）　ジル・ドゥルーズ『記号と事件――一九七二―一九九〇年の対話』宮林寛訳、河出文庫、二〇〇七年、七二頁。

（13）　文化人類学者の今福龍太から着想を得た。チカーノ詩人アルフレッド・アルテアーガの「薄墨色の領域」から造った「薄墨色の文法」という言葉に、今福は次のような思いを託している。「すべての色彩を混ぜ合わせてできた漆黒、それをさらに薄く解きほぐしていった淡い薄墨の微細な濃淡のなかに、現代文明の固化した言語文法を溶解する手掛かりが隠されている」(『図書』八月号、岩波書店、二〇〇八年、四〇頁)。

(14)　ポール・ギルロイ『ブラック・アトランティック――近代性と二重意識』上野俊哉他訳、月曜社、二〇〇六年。

(15)　Eduardo Obregon Pagan, *Murder at the Sleepy Lagoon: Zoot Suits, Race, and Riot in Wartime L.A.* (Chapel Hill: The University of North Carolina Press, 2003) や、Mauricio Mazon, *The Zoot-Suit Riots: The Psychology of Symbolic Annihilation* (Austin: The University of Texas Press, 1984) を参照。メキシコ人とアングロの対立というよりも、アングロのメキシコ人に対する差別意識がこのような軋轢を引き起こしたことが述べられている。

(16)　現在はチカーノのホームランドとして知られており、二〇〇〇年のセンサスで示された人口構成は、ラティーノ(九三・七パーセント)、アジア系(二・四四パーセント)、白人(二・一八パーセント)、その他(一・六五パーセント)となっている。「ボイル・ハイツと日本人」の関係については以下の文献を参照。Allison Varzally, *Making a Non-White America: Californians Coloring Outside Ethnic Lines, 1925-1955* (Berkeley: University of California Press, 2008), pp.139-142; George J. Sánchez, *Becoming Mexican American: Ethnicity, Culture and Identity in Chicano Los Angeles, 1900-1945* (New York: Oxford University Press, 1993), p.74; Leland T.Saito, *Race and Politics: Asian Americans, Latinos, and Whites in a Los Angeles Suburb* (University of Illinois Press, 1998), p.30.「ボイル・ハイツとメキシコ人」の関係については以下の本が詳しい。Ricardo Romo, *East Los Angeles: History of Barrio* (Austin: University of Texas Press, 1988), pp.61-81.

(17)　Street Meeting, p.35.

(18)　Ibid., p.98.

(19)　ドロレス・ハイデン『場所の力――パブリック・ヒストリーとしての都市景観』後藤春彦他訳、学芸出版社、二〇〇二年。

(20)　Japanese American National Museum, *Images of America Los Angeles's Boyle Heights* (San Francisco: Arcadia

Publishing, 2005).

(21) マイク・デイヴィス『要塞都市LA』（村山敏勝＋日比野啓訳、青土社、二〇〇一年）の「序文」、ルイス・A・コーザー『亡命知識人とアメリカ』（荒川幾男訳、岩波書店、一九九八年）、町村敬志『越境者たちのロスアンジェルス』（平凡社、一九九九年）などを参照。

(22) この本の序文の日付と場所は「一九四四年五月、ロス・アンジェルス」である。

(23) ホルクハイマー、アドルノ『啓蒙の弁証法——哲学的断章』徳永恂訳、岩波文庫、二〇〇七年、三〇頁。

(24) 蓮實重彦＋山内昌之『われわれはどんな時代を生きているのか』講談社現代新書、一九九八年、三九頁。

「一九四〇年代の、それもルーズヴェルトが合衆国大統領であった時代のカリフォルニア州の州都ロサンジェルスこそ、ベンヤミンにとっての第二帝政期のパリにも劣らぬあやうい魅力をたたえた都会にほかならない（……）アルフレッド・ヒッチコック、フリッツ・ラング、ジュリアン・デュヴィヴィエ、ウイリアム・ディターレ、マイケル・カーティスなど、イギリスやフランスやオーストリア、さらにはハンガリーからの亡命者たちがこの時期のアメリカの映画を支えていたのは確かな事実である。グレタ・ガルボやマルレーネ・ディートリッヒなど、ヨーロッパから〈輸入〉されたスターたちの活躍はあえていうまでもない」（三二頁）。

(25) Setha Low, *Behind the Gates: Life, Security, and the Persuit of Happiness in Fortress America* (New York: Routledge,2003). エドワード・J・ブレークリー他『ゲーテッド・コミュニティ——米国の要塞都市』（竹井隆人訳、集文社、二〇〇四年）などを参照。

(26) ガストン・バシュラール『空間の詩学』岩村行雄訳、ちくま学芸文庫、二〇〇二年、三五六頁。

(27) Lawson Fusao Inada, *Legends from Camps* (Minneapolis: Coffee House Press, 1993).

(28) ナンシー・Y・デーヴィス『ズニ族の謎』（吉田禎五吾＋白川琢磨訳、ちくま学芸文庫、二〇〇四年）では、室町時代の日本人が太平洋を渡ってアメリカにたどり着き、ズニ族はその子孫であるという証拠をいくつもあげている。

(29) 邦訳文献として、飯島正『メキシコのマリンチェ』晶文社、一九八〇年。

（30） ル・クレジオ『メキシコの夢』望月芳郎訳、新潮社、一九九一年、二八一―二八二頁。
（31） ル・クレジオ『悪魔祓い』高山鉄雄訳、新潮社、一九七五年、二〇頁。
（32） Angel María Garibay, *Llave del Náhuatl: Colección de trozos clásicos, con gramática y vocabulario, para utilidad de los principantes.3rd* (México: Porrua, 1970).
（33） 「〈noma nocxi〉は部分である「手と足」から全体の「身体」という単一の概念を連想させる。「in atl in tepetl」は「水と丘」で「街」を意味する。しかし、「水と丘」は手と足が身体に関係しているのとは同じようには街と関わっていない。全体の部分というよりはむしろ、その関係は「隣接」のひとつである。水と丘は街の近くにあるので街を意味している。このディフラシスモはしたがって「換喩」である。「詩」の定義はさらに難しい。「花と歌」は二つの要素が異なった働きをしているディフラシスモである。歌は「類義語」として機能している。というのも、ナワトル語の詩は歌われたからだ。つまり、詩とは歌なのである。けれども、花はメタファーである。というのも、明らかに花は詩ではないからである。「in xochitl in cuicatl」は身体と街のディフラシスモに似ているけれども、結合した要素は異なっている。ディフラシスモはナワトル語に広がっていたので、世界はこのような一般的で広範囲な比喩によって表現された」（Alfred Arteaga, *Chicano Poetics: Heterotexts and Hybridities* (New York: Cambridge University Press,1997, p.7)。
（34） José R. López Morín, *The Legacy of Américo Paredes* (Texaz: A&M University Press, 2006), p.58.
（35） Américo Paredes, *With His Pistol in His Hand: A Border Ballad and Its Hero* (Austin: University of Texas Press,1958), p.18.
（36） 「ウェッブ裁判長が開廷の辞を述べ、次いで起訴状の朗読に移ったところで、法廷に異常などよめきが広がった。午後三時三七分、被告席の大川が突然前に座る東条英機のハゲ頭を、ペタリとたたいたのである」（大塚健洋『大川周明――ある復古革新主義者の思想』中公新書、一九九五年、一八六頁）。
（37） Ramon Saldívar, *The Borderlands of Culture: Américo Paredes and the Transnational Imaginary* (Durham: Duke University Press, 2006), pp.93-106.

（38） Américo Paredes, *The Hammon and the Beans and Other Stories* (Houston: Arte Público Press, 1994), pp.151-159.
（39） ギルロイ、三九頁。
（40） フーコー、二八七頁。

## V　近代化に抗するテクスト

（1） ベネディクト・アンダーソン『増補　想像の共同体――ナショナリズムの起源と流行』白石隆他訳、NTT出版、一九八三年、二九九頁。
（2） Samuel P. Huntington, "The Hispanic Challenge," *Foreign Policy*, March/ April, 2004, pp.30-45.
（3） ジェラード・デランティ『コミュニティ――グローバル化と社会理論の変容』山之内靖＋伊藤茂訳、NTT出版、二〇〇六年、一八三頁。
（4） ヴァルター・ベンヤミン「複製技術時代における芸術作品」『ベンヤミン・コレクションI』浅井健二郎訳、ちくま学芸文庫、一九九五年、五九一頁。
（5） ヴァルター・ベンヤミン「複製技術時代における芸術作品」『ベンヤミン・コレクションI』浅井健二郎訳、ちくま学芸文庫、一九九五年、五五一―五八二頁。
（6） ミルチャ・エリアーデ『永遠回帰の神話』未来社、一九六三年。
（7） 吉本隆明『定本　柳田国男論』洋泉社、一九九五年、二三頁。
（8） 同書、三〇頁。
（9） Helen Hunt Jackson, *Ramona* (New York: Zone Books, 2005). 初版は、一八八四年。
（10） 崎山多美『ゆらてぃく　ゆりてぃく』講談社、二〇〇三年。
（11） 植村恒一郎『時間の本性』勁草書房、二〇〇二年、一六六頁。
（12） Claudio Lominitz, *Death and the Idea of Mexico* (New York: Zone Books, 2005), p.476.
（13） Burciaga, José Antonio, *Undocumented Love/ Amor Indocumentado: A Personal Anthology of Poetry* (Chusma House

Pubns ,1992), pp.39-41.
（14） ヴァルター・ベンヤミン『暴力批判論』野村修編訳、岩波文庫、一九九四年、八二頁。
（15） Arteaga, Alfred, *Chicano Poetics: Heterotexts and Hybridities* (Berkeley: University of California,1997), p.10.
（16） Stavans, Ilan, *Spanglish: the making of a new american language* (New York: HarperCollins, 2003), p.253.
（17） セルバンテス『ドン・キホーテ前篇（一）』牛島信明訳、岩波文庫、四三頁。

## Ⅵ　境界線の再魔術化

（1） *AZTLAN: A Journal of Chicano Studies* (UCLA Chicano Studies Research Center, Volume 31, Number Two, Fall 2006).
（2） アントニオ・ネグリ＋マイケル・ハート『マルチチュード（下）――〈帝国〉時代の戦争と民主主義』幾島幸子訳、ＮＨＫブックス、二〇〇五年、四七頁。
（3） Richard Rodriguez, *Brown: The Last Discovery of America* (Penguin Books, 2002).
（4） 『エドマンド・ウィルソン批評集1　社会・文明』中村紘一＋佐々木徹訳、みすず書房、二〇〇五年、三二六頁。
（5） 同書、三三六頁。
（6） パオロ・ヴィルノ『マルチチュードの文法――現代的な生活形式を分析するために』廣瀬純訳、月曜社、二〇〇四年、四二頁。
（7） アメリカはフロンティアという「境界線の論理」によって勢力を拡大し、メキシコはアストランという「認識上のトポス」によって共同性を形成してきた。
（8） 邦訳文献として、山岸義夫『アメリカ膨張主義の展開――マニフェスト・デスティニーと大陸帝国』（勁草書房、一九九五年）がある。また、米墨戦争を含む時代にメキシコとの相克の影響下に書かれた広範な小説をとりあげ、その時代をさまざまな側面から分析した稀有な研究書としてシェリー・ストリービーの『アメリカン・センセーション』がある。Shelley Streeby, *American Sensations: Class, Empire, and the Production of Popular Culture* (Berkeley:

University of California Press, 2002).

（9）　スペイン人の来訪と記述に関するおもな研究書として以下のようなものがある。Kirsten Silva Gruesz, *Ambassadors of Culture: The Transamerican Origins of Latino Writing* (Princeton: Princeton University Press, 2002); Carey McWilliams, *North from Mexico: The Spanish- Speaking People of the United States* (New York: Praeger, 1990); Bernard L. Fontana, *Entrada: The Legacy of Spain& Mexico in the United States* (Tucson: Southwest Parks and Monuments Association, 1994). 最後にあげた『エントラーダ』は文字の記述ではなくスペイン人宣教師らが大地に残した記述である。彼らが建設した教会などの廃墟は、極度に乾燥し人口密度が低いサウスウエストだからこそ時間を生き延びることができた。サウスウエストには、インディアン、スペイン人、メキシコ人などが残した遺跡がそのままの形で同一の平面上に布置されているのである。

（10）　チカーノ文学の特性を「土地とアイデンティティの乖離」に見いだすヘナロ・パディーリャは、ルイス・レアルやレイムンド・パレーデスらとともに、チカーノ文学史の始まりをメキシコがテキサスを失った一八三六年に設定している（Genaro M. Padilla, *My Histories, Not Yours: The Formation of Mexican American Autobiography*, The University of Wisconsin Press,p.14)。

（11）　Álvar Núñez Cabeza de Vaca, *Chronicle of the Narvaez Expedition* (Penguin Books, 2002). 序文はイラン・スタバンスが書いている。またスタバンスは『ヒスパニック・コンディション』(Ilan Stavans, *Hispanic Condition: The Power of a People* (HarperCollins, 2001, pp.113-6)）でもカベサ・デ・バカについて触れている。バカ以外の探検家として、ペドロ・デ・カスタニェーダ（一五八二年）、フランシスコ・バスケス・デ・コロナード（一五四〇、一五四二年）、フアン・デ・オニャーテ（一五九八年）、フレイ・アロンソ・デ・ベナビデス（一六三〇年）、フレイ・エウセビオ・キノ（一七一一年）らが記録を残している。

（12）　南西部におけるアングロとラティーノ（とくにチカーノ）の接触に関する文献は以下を参照。David J. Weber (ed.), *Foreigners in Their Native Land: Historical Roots of the Mexican Americans* (Albuquerque: University of New Mexico Press, 1973); Patricia Nelson Limerick, *The Legacy of Conquest: The Unbroken Past of the American West* (New York:

W.W. Norton& Company, 1987; Douglas Monroy, *Thrown among Strangers: The Making of Mexican Culture in Frontier California* (Berkeley: University of California Press, 1990).

(13) ジャン・ボードリヤール『アメリカ——砂漠よ永遠に』田中正人訳、みすず書房、一九八八年、一二六頁。

(14) オクタビオ・パス『くもり空』井上義一＋飯島みどり訳、現代企画室、一九九一年、六八頁。

(15) 同書、一八三頁。

(16) とはいえ、チカーノ性を前面に出すことによって自分たちの権利や立場を強化してゆくという方法論がまったく無効になったわけではない。チカーノ性を推し進めている例として以下の本をあげておく。Kurly Tlapoyawa, *We will Rise: Rebuilding the Mexican Nation* (Trafford, 2000); Reynaldo Berrios, *Cholo Style: Homies, Homegirls & La Raza* (Los Angeles: Feral House, 2006).

(17) 「政治的な意味における敵とは、個人的にはにくむ必要などないものであり、私的領域においてはじめて、「敵」、すなわち、自己の反対者を愛するということも意味をもつのである」(C・シュミット『政治的なものの概念』田中浩他訳、未来社、一九七〇年、一九頁)。

(18) 米墨戦争後に締結されたグアダルーペ・イダルゴ条約によって近代的で排他的な境界線が引かれてしまったことが、チカーノが抱える問題意識の根底にある。チカーノとボーダーに関する研究書は以下を参照。José David Saldívar, *Border Matters: Remapping American Cultural Studies* (Berkeley: Berkeley: University of California Press, 1997); Scott Michaelsen and David E. Johnson (ed.), *Border Theory: The Limits of Cultural Politics* (Minneapolis: University of Minnesota Press, 1997); Tomas Almaguer, Racial *Fault Lines: The Historical Origins of White Supremacy in California* (Berkeley: University of California Press, 1994).「想像の共同体」である国民国家と同様に人種間の差異も「想像の境界線」であった。Lisa García Bedolla, *Fluid Borders: Latino Power, Identity, and Politics in Los Angeles* (Berkeley: University of California Press, 2005).

(19) マイク・デイヴィス『要塞都市ＬＡ』村山敏勝＋日比野啓訳、青土社、二〇〇一年。あるいは、全米最大規模のゲイティッド・コミュニティ「コト・デ・カザ」を取材した渡辺靖のエッセイが参考になる(渡辺靖「カウンター・アメリカ」『考える人』二〇〇五年秋号)。
(20) *Foreign Policy*, March/ April, 2004, pp.30-45.
(21) スティーヴ・ギルバートの『タトゥー』によると、世界中の多くの地域で刺青がもともと文化に組み込まれているのに対して、欧米では一九世紀以降に他の地域からの影響によって親しまれるようになったことがわかる(Steve Gilbert, *Tattoo History* (Juno Book, 2000))。
(22) *Tattoo*, p.199.
(23) Guillermo Gomez-Pena, *Dangerous Border Crossers* (Routledge, 2000), pp.77-78.
(24) ベネディクト・アンダーソン『増補　想像の共同体——ナショナリズムの起源と流行』白石さや＋白石隆訳、NTT出版、一九九七年、二九九頁。
(25) 同書、二七七頁。
(26) 一五三一年にメキシコのテペヤックの丘に顕現したとされる褐色のマリア。参考文献として以下の二冊をあげておく。Anna Castillo (ed), *La Diosa de las Americas: Escritos sobre la Virgen de Guadalupe* (New York: Vintage Books, 2000); D.A. Brading, *Mexican Phoenix Our Lady of Guadalupe: Image and Tradition across Five Centuries* (Cambridge University Press, 2001). 聖母が現れる一〇年前にエルナン・コルテスによってアステカの人びとは征服された。彼らを懐柔するための政治的な意図をもったシンクレティズムだとしても、その後、チカーノによって受容された「聖母」は当初の意図を越えて、脱国民国家後の共同性の紐帯に寄与する重要な存在となっている。
(27) Helen Hunt Jackson, *Ramona* (New York: The Modern Library, 2005). 初版は一八八三年。
(28) Guillermo Gómez-Peña, *The New World Border* (City Lights Books, 1996), p.21.
(29) Guillermo Gómez-Peña, *ethno- techno: Writings on Performance, activism, and Pedagogy* (New York: Routledge, 2005), p.254.
(30) Ilan Stavans, *Spanglish: The Making of a New American Language* (New York: HarperCollins, 2003), p.55.
(31) Néstor García Canclini, *Hybrid Cultures: Strategies for Entering and Leaving Modernity* (Minneapolis: University of

Minnesota Press, 2005), pp.238-239.

## Ⅶ　境界線の詩学

（1）　小泉八雲『日本瞥見記　上』平井呈一訳、恒文社、一九七五年、二〇〇頁。
（2）　幸田露伴『露伴全集　第四一巻』岩波書店、一九五八年、二〇一頁。
（3）　オルソン、チャールズ「投射詩論」『現代詩手帖　ビート読本』斉藤修三訳、思潮社、一九九二年、二七八頁。
（4）　ル・クレジオ『悪魔祓い』高山鉄男訳、新潮社、一九七五年、三八頁。
（5）　同書、八二頁。
（6）　Gloria Anzaldúa. *Borderlands/ La Frontera: The New Mestiza* (San Francisco: Aunt Lute, 1987), p.69.
（7）　Alfred Arteaga, *Cantos. Chusma House Publications* (1991).
（8）　Alfred Arteaga, *Chicano Poetics: Heterotexts and Hybridities* (Cambridge UP, 1997).
（9）　Alfred Arteaga, *House with the Blue Bed* (San Francisco: Mercury House, 1997), p.33.
（10）　Ibid., p.35.
（11）　ミルチャ・エリアーデ『エリアーデ著作集　第二巻』久米博訳、せりか書房、一九七四年、一〇一頁。
（12）　ヘンリー・D・ソロー『ウォールデン　森の生活』今泉吉晴訳、小学館、二〇〇四年、一四六頁。

## Ⅷ　事実と虚構の境界線

（1）　Noel Ignatiev, *How the Irish Became White* (Routledge, 1995), p.39.
（2）　フランツ・ファノン『黒い皮膚・白い仮面』海老坂武・加藤晴久訳、みすず書房、一九九八年、二四七頁。
（3）　同書、二五〇頁。
（4）　Matthew Frye Jacobson, *Whiteness of a Different Color: European Immigrants and the Alchemy of Race* (Massachusetts:

Harvard UP, 1998), p.156.

(5) Arturo Rosales, *Chicano!: The History of the Mexican American Civil Rights Movement* (Arte Público Press, 1997), p.113.

(6) デュボイス、二三五頁。

(7) 小坂井敏晶『民族という虚構』ちくま学芸文庫、二〇一一年、四三頁。

(8) Noel Ignatiev, *How The Irish Became White* (New York: Routledge, 1995), p.99.

(9) Ramón Saldívar, *The Borderlands of Culture: Américo Paredes and the Transnational Imaginary* (Durham: Duke UP, 2006), pp.344-394.

(10) Arteaga, Alfred. "Aesthetics of Sex and Race," *Feminism, Nation and Myth: La Malinche*. Ed. Roland Romero and Amanda Nolacea Harris. Houston" (Arte Publico Press, 2005), p.62.

(11) Ibid., p.62.

(12) Ibid., p.63.

(13) 柳田国男『柳田国男全集　4』ちくま文庫、一九八九年、一一七頁。

## IX　ボーダーランズの構築

(1) Guillermo Gómez-Peña, *Ethno- Techno: Writings on Performance, Activism, and Pedagogy* (New York: Routledge, 2005) などを参照。

(2) Ilan Stavans,, *Spanglish: The Making of a New American Language* (HarperCollins Publishers, 2003). 著者のスタバンスは、言語の融合は後戻りができない状況にあると認識し、スパングリッシュ自体の多様化をレキシコンのなかに表現している。

(3) Gilbert G. Gonzalez & Raul A. Fernandez, *A Century of Chicano History: Empire, Nations, and Migration* (New York: Routledge, 2003) など。

(4) Herbert Eugene Bolton, *The Spanish Borderlands: A Chronical of Old Florida and the Southwest* (New haven: Yale University Press, 1921). その流れをくむものとして、以下の著作がある。John Francis Bannon, *The Spanish Borderlands Frontier, 1513- 1821* (New York: Holt, Rinehart, and Winston, 1970); ed. David J. Weber, *New Spain's Far Northern Frontier: Essays on Spain in American West, 1540- 1821* (Dallas: Southern Methodist University, 1979).

(5) George I. Sánchez, *Forgotten People: A Study of New Mexicans* (Albuquerque: University of New Mexico Press, 1940).

(6) Carey McWilliams, *North from Mexico: The Spanish- Speaking People of the United States* (New York: Greenwood Press,1950).

(7) Américo Paredes, *With His Pistol in His Hand: A Border Ballad and Its Hero* (Austin: University of Texas Press, 1959).

(8) Rodolfo Acuña, *Occupied America: The Chicano's Struggle for Liberation* (San Francisco: Canfield Press, 1972).

(9) Marrio Barrera, *Race and Class in the Southwest: A Theory of Racial Inequality* (Notre Dame: University of Notre Dame Press, 1979).

(10) Albert Camarillo, *Chicanos in a Changing Society: From Mexican Pueblos to American Barrios in Santa Barbara and Southern California* (Cambridge: Harvard University Press, 1979).

(11) Mario T. García, *Desert Immigrants: The Mexicans of El Paso, 1880- 1920* (New Haven: Yale University Press, 1981).

(12) Ricardo Romo, *East Los Angeles: History of a Barrio* (Austin: University of Texas Press, 1983).

(13) Thomas E. Sheridan, *Los Tucsonenses: The Mexican Community in Tucson, 1854- 1941* (Tucson: University of Arizona Press,1986).

(14) David Montejano, *Anglos and Mexicans in the Making of Texas* (Austin: University of Texas Press, 1987).

(15) Robert R. Alvarez Jr., *Familia: Migration and Adaptation in Baja and Alta California, 1800- 1975* (Berkeley: University of California Press, 1987).

(16) Gloria Anzaldúa, *Borderlands/ La Frontera: The New Mestiza* (San Francisco: Aunt Lute Books, 1987).

(17) José Limón, *Dancing with the Devil: Society and Cultural Poetics in Mexican- American South Texas* (Madison:

University of Wisconsin Press,1994).

(18) Claire Fox, *The Fence and the River: Culture and Politics at the U.S.- Mexico Border* (Minneapolis: University of Minnesota Press,1999).

(19) Emma Pérez, *The Decolonial Imaginary: Writing Chicanas into History* (Bloomington: Indiana University Press, 1999).

(20) Pablo Vila, *Crossing Borders, Reinforcing Borders: Social Categories, Metaphors, and Narrative Identities on the U.S.- Mexico Frontier* (Austin: University of Texas Press, 2000).

(21) ed. Tom Miller, *Writing on the Edge: a borderlands reader* (Tucson: The University of Arizona Press, 2003).

(22) ed. Luis Humberto Crosthwaite, John William Byrd, Bobby Byrd, *Puro Border: Dispatches, Snapshots & Graffiti from La Frontera* (El Paso: Cinco Puntos Press, 2003).

(23) ed. Harold Augenbraum and Ilan Stavans, *Lengua Fresca: Latinos Writing on the Edge* (Boston: A Mariner Original, 2006).

(24) ed. David J. Weber, *Foreigners in Their Native Land: Historical Roots of the Mexican Americans* (Albuquerque: University of New Mexico Press, 1973).

(25) Genaro M. Padilla, *My History, Not Yours: The Formation of Mexican American Autobiography* (The University of Wisconsin Press, 1993).

(26) Shelley Streeby, *American Sensations: Class, Empire, and the Production of Popular Culture* (Berkeley: University of California Press, 2002).

(27) Kirsten Silva Gruesz, *Ambassadors of Culture: The Transamerican Origins of Latino Writing* (Princeton: Princeton University Press, 2002).

(28) Robert M. Utley, *The Indian Frontier: Of the American West 1846- 1890* (Albuquerque: University of New Mexico Press, 1984).

(29) Patricia Nelson Limerick, *The Legacy of Conquest: The Unbroken Past of the American West* (New York: Norton&

Company, 1987).

(30) ed. Erlinda Gonzales- Berry and David R. Maciel, *The Contested Homeland: A Chicano History of New Mexico* (Albuquerque: University of New Mexico Press, 2000).

(31) Leonard Pitt, *The Decline of the Californios: A Social History of the Spanish- Speaking Californians, 1846-1890* (Berkeley: University of California Press, 1966).

(32) Richard Griswold del Castillo, *The Los Angeles Barrio, 1850-1890: A Social History* (Berkeley: University of California Press, 1979).

(33) Rodolfo F. Acuña, *Anything but Mexican: Chicanos in Contemporary Los Angeles* (New York: Verso,1995).

(34) ed. Michael Dear and Gustavo Leclerc, *Postbordercity: Cultural Spaces of Bajalta California* (New York: Routledge, 2003).

(35) Lisa García Bedolla, *Fluid Borders: Latino Power, Identity, and Politics in Los Angeles* (Berkeley: University of California Press, 2005).

(36) ed. Enrique C. Ochoa and Gilda L. Ochoa, *Latino Los Angeles: Transformations, Communities, and Activism* (Tucson: The University of Arizona Press, 2005).

(37) ed. Christina García, *Bordering Fires: The vintage Book of Contemporary Mexican and Chicano/a Literature* (New York: Vintage Books, 2006).

(38) ed. Ilan Stavans, *Mutual Impressions, Writers from the Americas Reading One Another* (Durham: Duke University Press, 1999).

(39) Carlos G. Vélez- Ibáñez, *Border Visions: Mexican Cultures of the Southwest United States* (Tucson: The University of Arizona Press, 1996).

(40) José David Saldívar, *Border Matters: Remapping American Cultural Studies* (Berkeley: University of California Press, 1997).

(41) ed. Scott Michaelsen and David E. Johnson, *Border Theory: The Limits of Cultural Politics* (Minneapolis: University of Minnesota Press, 1997).

(42) Walter D. Mignolo, *Local Histories/ Global Designs: Coloniality, Subaltern Knowledges, and Border Thinking* (Princeton: Princeton University Press, 2000).

# あとがき

本書の最後に載せた〈アーバン・トライブ宣言〉からすでに二〇年以上が経ってしまいました。勢いのある筆致によって書かれた内容はいまでも十分通用すると信じていますし、むしろ、てらいを含んだ文体も含めて意気揚々と掲げた描写の中身が、いまでは当たり前のように語られ始めているとも感じています。

私は〈アーバン・トライブ宣言〉を掲げたあと、いくつもの論点を中心におきつつ、チカーノという思考の宝庫のような集団の周縁で試行錯誤しながら、こうして文章をものしてきました。行きつ戻りつの思考の変遷のため、内容的に重複している部分があることはご容赦願いたいと思います。

また、どの文章もチカーノについて系統的に説明するような構造はとっていませんが「数値」と「固有名詞」を使って時系列に語られる教科書的な説明方法は、そもそも彼らチカーノたち自身が念頭においていません。来日したココ・フスコが（書物を通して「勉強」している私に向かって）笑いながら皮肉を込めて述べたように“Chicano don't write!”なのです。

要するに、チカーノは言葉の限界と可能性を誰よりも熟知している人びとだと言えるのではないでしょうか。パレーデスはつねにギターを手にして思索を深め、ゴメス・ペーニャは身体的パフォーマンスの澱のように文章を綴り、現代思想をも熟知していたアルテアーガは最期まで詩人でした。そのような思想的態度を私は「詩学」という言葉に込めたいと思います。

今回もまた、マイケル・タウシグの『模倣と他者性』の翻訳に引き続いて後藤亨真氏にお世話になりました。私がまだ「何物でもない」頃から声をかけていただき、いまはその宿題を果たせて安堵しているところです。一方で、特定の専門も研究手法も所属もなく「何者でもない」場所にいたからこそ取り組むことのできた対象であったと思います。「何物でもない」ところからしか到達できない場所は確かにあるようです。

とはいえ、ここまでたどり着くにはじつに多くの方たちの温かいご支援があったことは言うまでもありません。そのなかでも、私がどのような状況にあっても気にかけてくださった今福龍太先生には特別の感謝を申し上げねばなりません。『荒野のロマネスク』を手にしたときを含めすべての交流がいわば「啐啄同時」であったと振り返ることができます。また、松本昇先生と出会わなければ私はいまでも悶々としながら迷路をさまよっていたことでしょう。ありがとうございました。最後になりましたが、これまで私を支えてくれたすべての方々に深く感謝の意を捧げたく存じます。

平成三一年　春　　井村俊義

# 初出一覧

I 『現代詩手帖――ボーダー文学最前線』所収、思潮社、二〇〇〇年五月号。
II 『アメリカン・ロードの物語』所収、松本昇＋中垣恒太郎＋馬場聡編、金星堂、二〇一五年。
III 『亡霊のアメリカ文学――豊穣なる空間』所収、松本昇＋東雄一郎＋西原克政編、国文社、二〇一二年。
IV 『グローバリゼーションとアメリカ・アジア太平洋地域』所収、杉田米行編、大学教育出版、二〇〇九年。
V 『多民族研究　第二号』所収、多民族研究学会、二〇〇八年。
VI 『アメリカ〈帝国〉の失われた覇権――原因を検証する一二の論考』所収、杉田米行編、三和書籍、二〇〇七年。
VII 『バード・イメージ――鳥のアメリカ文学』所収、松本昇＋西垣内磨留美＋山本伸編、金星堂、二〇一〇年。
VIII 『エスニック研究のフロンティア』所収、多民族研究学会編、金星堂、二〇一四年。
IX 『アメリカス研究　第一二号』所収、天理大学アメリカス学会、二〇〇七年。
X 『アフンルパル通信　第六号』所収、書肆吉成、二〇〇八年。『10＋1――トラヴェローグ、トライブ、トランスレーション――渚にて』所収、ＩＮＡＸ出版、一九九七年。

著者について——

**井村俊義**（いむらとしよし）　一九六四年、長野県諏訪市に生まれる。慶應義塾大学文学部・法学部を卒業後、国際会議の運営、学習参考書の編集等にたずさわる。その後、予備校の講師を続けながらアメリカ南西部やメキシコ、東南アジア等を旅する。日系人とチカーノについて研究するために中部大学で今福龍太氏に師事。名古屋大学大学院国際言語文化研究科博士課程満期退学。大学非常勤講師を務める傍らチカーノを探求し続け、二〇一二年から長野県看護大学准教授。専門は、文学・民俗学・文化人類学。主な著書に、『第二次世界大戦の遺産』（共著、大学教育出版会、二〇一五年）、主な訳書に、マイケル・タウシグ『模倣と他者性』（水声社、二〇一八年）などがある。

装幀——宗利淳一

# チカーノとは何か――境界線の詩学

二〇一九年三月五日第一版第一刷印刷　二〇一九年三月二五日第一版第一刷発行

著者――井村俊義

発行者――鈴木宏

発行所――株式会社水声社

東京都文京区小石川二―七―五　郵便番号一一二―〇〇〇二

電話〇三―三八一八―六〇四〇　ＦＡＸ〇三―三八一八―二四三七

［編集部］横浜市港北区新吉田東一―七七―一七　郵便番号二二三―〇〇五八

電話〇四五―七一七―五三五六　ＦＡＸ〇四五―七一七―五三五七

郵便振替〇〇一八〇―四―六五四一〇〇

URL : http://www.suiseisha.net

印刷・製本――精興社

ISBN978-4-8010-0422-1